高铁产业经济研究

Research on Industrial Economy of High Speed Rail

周雪梅 谢胜强 陈伟 吴宗法 著

同济大学出版社
TONGJI UNIVERSITY PRESS
·上海·

内 容 提 要

本书系统研究了高铁产业经济分析的理论与方法和高铁产业发展及其与产业经济的关系。本书的主要内容包括高铁产业经济分析理论与方法概述、高铁自身产业、高铁拉动与衍生产业、高铁产业组织、高铁与产业结构、高铁产业布局和高铁产业政策的量化分析。本书采用了多种管理学、经济学研究方法，研究成果具有创新性。

本书可作为从事高铁研究、规划设计、实施管理、运营管理的技术和管理人员及高校交通运输工程专业、经济管理专业学生的学习参考书。

图书在版编目(CIP)数据

高铁产业经济研究 / 周雪梅等著. --上海：同济大学出版社，2024.8. -- ISBN 978-7-5765-1256-4

Ⅰ．F53

中国国家版本馆 CIP 数据核字第 2024LX3345 号

高铁产业经济研究

周雪梅　谢胜强　陈　伟　吴宗法　著

责任编辑： 陆克丽霞
责任校对： 徐春莲
封面设计： 于思源

出版发行	同济大学出版社　www.tongjipress.com.cn	
	(地址：上海市四平路1239号　邮编：200092　电话：021-65985622)	
经　销	全国各地新华书店、建筑书店、网络书店	
排版制作	南京文脉图文设计制作有限公司	
印　刷	苏州市古得堡数码印刷有限公司	
开　本	787mm×1092mm　1/16	
印　张	9.5	
字　数	202 000	
版　次	2024年8月第1版	
印　次	2024年8月第1次印刷	
书　号	ISBN 978-7-5765-1256-4	
定　价	96.00元	

版权所有　侵权必究　印装问题　负责调换

前言

中国的高速铁路作为服务国家战略、服务社会经济发展、服务人民美好生活需要的国之重器,其快速发展不仅缩短了区域间的经济距离,还重塑了中国的"经济版图"。由高铁带动的"高铁经济"应运而生,且已发展成为一种新的经济形态。这一新兴经济的快速发展不仅引起了世界的关注,而且亟待新的经济理论及相应的学科体系来支撑和指引它。因此,开展高铁经济学研究、创建高铁经济学学科的意义十分重大。

高铁经济学的研究范畴可细分为高铁国民经济、高铁政治经济、高铁社会经济、高铁区域经济、高铁产业经济、高铁劳动经济、高铁数量经济、高铁运输经济、高铁旅游经济、高铁生态经济和高铁地理经济。本书内容源自国家铁路局资助的"高铁产业经济研究"课题的成果。

高铁产业经济研究主要着眼于高铁产业经济的构成要素、理论方法和高铁与产业经济的内在关系及其影响机理。本书共分九章,包括绪论、高铁产业经济分析理论与方法、高铁自身产业、高铁拉动与衍生产业、高铁产业组织、高铁与产业结构、高铁产业布局、高铁产业政策、结论与展望。采用的研究方法包括:文献研究法、社会调查和案例研究方法、统计分析方法、投入产出法、SWOT分析法、偏离-份额模型、SCP范式、数据包络分析(DEA)、双重差分法等。本书通过分析中国高铁产业发展的经济数据来研究高铁产业经济的决定方式、相互联系与变动规律。本书是自由探索的基础研究,是有关高铁产业经济作用机理的探索,研究成果具有一定的创新性。参与本课题研究的人员有:周雪梅、谢胜强、陈伟、吴宗法、胡静洁、王晔涵、梁甲慧、王乾林、张韫博、郭洹武、李伯千、赵骁驰、毛子舒、谢诗琪、赵皓、何文婕、余志壮。

由于作者水平有限,书中难免存在不足,敬请广大读者批评指正。

著者

2024年春于同济大学

目录

前言

第1章 绪论 ··· 001
  1.1 研究背景 ··· 001
  1.2 研究价值与意义 ··· 002
  1.3 研究框架 ··· 002

第2章 高铁产业经济分析理论与方法 ································· 004
  2.1 高铁产业经济学的研究目的及研究对象 ···························· 004
    2.1.1 高铁产业经济学的研究目的 ···································· 004
    2.1.2 高铁产业经济学的研究对象 ···································· 004
  2.2 高铁产业经济学的研究手段 ·· 005
    2.2.1 实证研究与规范研究相结合 ···································· 005
    2.2.2 定性分析与定量分析相结合 ···································· 005
    2.2.3 静态分析和动态分析相结合 ···································· 005
  2.3 高铁产业经济相关理论 ·· 006
    2.3.1 产业组织理论 ·· 006
    2.3.2 产业结构理论 ·· 007
    2.3.3 产业关联理论 ·· 008
    2.3.4 产业布局理论 ·· 009
  2.4 高铁产业经济学研究的具体方法 ···································· 011
    2.4.1 数学、计量经济学和统计学方法 ······························ 011
    2.4.2 社会调查和案例研究方法 ······································· 012
    2.4.3 投入产出分析方法 ·· 012
  2.5 本章小结 ··· 012

第3章 高铁自身产业 ··· 013
  3.1 高铁产业的发展定位及经济属性 ···································· 013

  3.1.1　高铁产业的发展定位 ·· 013
  3.1.2　高铁产业的经济属性 ·· 014
 3.2　高铁产业系统构成 ··· 015
 3.3　高铁产业发展研究 ··· 016
  3.3.1　中国高铁产业发展历程 ··· 016
  3.3.2　中国高铁产业总体发展情况 ·· 021
  3.3.3　高铁建筑业发展研究 ·· 030
  3.3.4　动车制造业发展研究 ·· 034
  3.3.5　信息与通信业发展研究 ··· 039
  3.3.6　高铁运营与维护业发展研究 ·· 044
  3.3.7　国内外行业标准对比分析 ·· 047
  3.3.8　高铁技术创新分析 ·· 050
 3.4　高铁产业发展竞争优势分析 ·· 052
  3.4.1　中国高铁产业发展 SWOT 分析 ·· 052
  3.4.2　"一带一路"倡议下高铁产业发展对策 ······································· 058
 3.5　本章小结 ··· 060

第 4 章　高铁拉动与衍生产业 ··· 061
 4.1　高铁拉动与衍生产业构成 ·· 061
  4.1.1　高铁对上游产业链的影响 ·· 061
  4.1.2　高铁对下游产业链的影响 ·· 061
  4.1.3　高铁对相关产业的拉动作用 ·· 061
 4.2　高铁投资和建设对产业的拉动作用分析 ··· 062
  4.2.1　投入产出模型 ··· 062
  4.2.2　高铁投资和建设对相关产业的拉动作用分析 ···························· 065
 4.3　高铁开通运营后对相关产业的拉动作用分析 ····································· 067
  4.3.1　偏离-份额模型 ·· 067
  4.3.2　高铁对沿线产业的效益影响计算 ·· 071
 4.4　本章小结 ··· 073

第 5 章　高铁产业组织 ··· 074
 5.1　产业组织理论概述 ··· 074
  5.1.1　SCP 范式的主要内容 ·· 074
  5.1.2　SCP 范式的演变 ··· 075
 5.2　高铁产业的市场结构 ··· 078

        5.2.1 市场集中度 ·· 078
        5.2.2 壁垒 ··· 082
    5.3 高铁产业的市场行为 ·· 083
        5.3.1 价格行为 ··· 083
        5.3.2 非价格行为 ·· 084
    5.4 高铁产业的市场绩效 ·· 086
        5.4.1 评价方法 ··· 086
        5.4.2 评价指标 ··· 087
    5.5 本章小结 ·· 090

第6章 高铁与产业结构 ·· 091
    6.1 高铁产业与相关产业关联分析 ··· 092
        6.1.1 高铁产业与相关产业的后向关联 ··· 093
        6.1.2 高铁产业与相关产业的前向关联 ··· 096
        6.1.3 高铁产业对相关产业的波及效应 ··· 100
        6.1.4 小结 ·· 100
    6.2 高铁对产业结构的作用机理 ·· 101
        6.2.1 高铁建设下的成本节约 ·· 101
        6.2.2 高铁建设下的知识外溢 ·· 102
        6.2.3 高铁建设与社会经济活动区位再选择 ······································· 103
    6.3 高铁对不同区域产业结构的影响 ·· 105
        6.3.1 以从业人数计算的结构与竞争力变化 ······································· 105
        6.3.2 以产值计算的结构与竞争力变化 ··· 108
    6.4 本章小结 ·· 110

第7章 高铁产业布局 ·· 111
    7.1 高铁产业布局原则 ··· 111
    7.2 高铁产业布局的模式、特点、图谱及影响因素 ·· 113
        7.2.1 高铁产业布局的模式和特点 ··· 113
        7.2.2 高铁产业布局图谱 ·· 116
        7.2.3 高铁产业布局的影响因素 ·· 118
    7.3 高铁网络布局及高铁对城市群的经济影响 ·· 121
        7.3.1 高铁网络布局 ··· 121
        7.3.2 高铁网络布局的特点 ··· 123
        7.3.3 高铁对城市群经济的影响 ·· 124

7.4　本章小结 ··· 127

第 8 章　高铁产业政策 ·· 128
　　8.1　中国高铁产业政策综述 ·· 128
　　8.2　高铁产业政策与高铁产业发展量化研究 ···································· 129
　　　　8.2.1　关键产业政策选取及模型构建 ······································ 129
　　　　8.2.2　高铁产业政策对高铁产业发展的影响分析 ···························· 131
　　8.3　高铁产业政策发展建议 ·· 135
　　　　8.3.1　高铁产业区域布局政策建议 ·· 135
　　　　8.3.2　高铁投融资政策建议 ·· 136
　　　　8.3.3　高铁运价政策建议 ·· 137
　　8.4　本章小结 ··· 138

第 9 章　结论与展望 ·· 139

参考文献 ··· 140

第 1 章
绪论

1.1 研究背景

交通运输业作为社会经济发展的基础产业和先导产业,其交通干线的规划、建设及运营全流程均会对沿线地区产生深远影响。这些影响不仅体现在要素流通与资源配置的优化上,还显著作用于产业结构的调整、空间布局的重塑、发展规模的扩张、市场竞争力的提升及工业化与城市化进程的加速等方面。其中,铁路建设尤为关键,它能够有效地促进工业走廊的形成和沿线城市带的崛起。特别是高速铁路运输作为一种便捷、高效的运输方式,其集成了众多高新技术并拥有超长的产业链,因此,它在经济发展中所发挥的效应尤为显著[1-3]。

高速铁路是指基础设施设计速度标准高、可供火车在轨道上安全高速行驶的运营速度在 200 km/h 以上的铁路。世界上第一条正式的高速铁路是 1964 年建成通车的日本东海道新干线,连接起东京、名古屋和大阪所在的日本三大都市圈,促进了日本的高速发展,其设计速度为 200 km/h,因此高速铁路的初期速度标准就是 200 km/h。后来,随着技术不断进步,火车的运行速度越来越快,不同时代、不同国家对高速铁路就有了不同的定义,且根据本国情况规定了各自高速铁路等级的详细技术标准,标准中涉及的列车速度、铁路类型等也不尽相同。中国国家铁路局将中国高铁定义为设计开行速度 250 km/h 以上、列车初期运营速度 200 km/h 以上的客运专线铁路[4]。

自《中长期铁路网规划》颁布以来,我国高速铁路建设进入高潮期。特别是中国共产党第十八次全国代表大会召开后,中国开始致力于加大对高铁行业的规划与投资。目前,中国已经形成覆盖全国,连通东部、中部和西部,连接主要城市的大规模快速铁路客运网络,从渤海之滨到西部戈壁,从中部平原到西南群山,从东北雪原到江南水乡,中国高铁"串珠成线"、连线成网。截至 2023 年底,我国高铁营业里程达 4.5 万 km[5],超过全球高铁营业总里程的 2/3,位居世界第一[6]。

中国的高速铁路作为服务国家战略、服务社会经济发展、服务人民美好生活需要的国之重器,其快速发展不仅缩短了区域间的经济距离,还重塑了中国的"经济版图"。"四纵"高速铁路网作为主骨架,有效地连接起环渤海、长三角、珠三角及东北等关键区域,从而形成了一条南北经济带上的"快速交通走廊"。同时,"四横"高速铁路网横跨东西部,将相对欠发达的西北、华中和西南地区与经济较为发达的华东地区紧密相连。它不仅成为欠发达地区与发达地区的重要联系纽带,还有助于全面打通东西部经济"动脉",进一步推动西部地区的经济发展,并且对于全国的资源流通也具有深远的意义[7]。高铁带动了"高铁产业经济",这一新兴产业经济的快速发展很快引起了世界的关注[2]。因此,开展高铁经济学研究以及创建高铁经济学学科的意义十分重大。

1.2 研究价值与意义

高速铁路是推动我国发展方式转变、产业经济发展的重要因素。高铁产业不仅能提高国内市场的统一性和关联性,还能为在更大范围内实现资源整合、产业布局、产业结构调整创造重要的基础条件。高铁产业涵盖铁路建设、运营及移动设备和通信等领域,其产业经济属性决定了高速铁路在我国社会发展进程中的重要地位。高铁作为一种新型的快速交通运输方式,是重要的交通基础设施;同时,高铁的建设和运营能促进区域产业发展、加速城镇化进程,因而是国家长期经济发展战略包括宏观调控的重要组成部分。此外,高铁产业不仅具有运输的公益性,而且拥有产业的经营性,这便导致高铁本身的建设投资、定价等需要考虑的因素就很多元化。另外,高铁产业属于国家战略性新兴产业,故具有强大的市场潜力。

总之,把高速铁路界定为一个产业,不仅符合我国战略性新兴产业技术门槛高、市场潜力大、综合效益好、带动系数大的特点,也体现了当今全球范围内以绿色、节能、经济为特点的产业结构转型趋势[7,8]。

1.3 研究框架

高铁产业经济研究的内容复杂,学科交叉性强。本书主要从基本理论和方法入手,研究了高铁自身产业、高铁拉动与衍生产业、高铁产业组织、高铁与产业结构、高铁产业布局、高铁产业政策等内容,研究框架见图1-1。

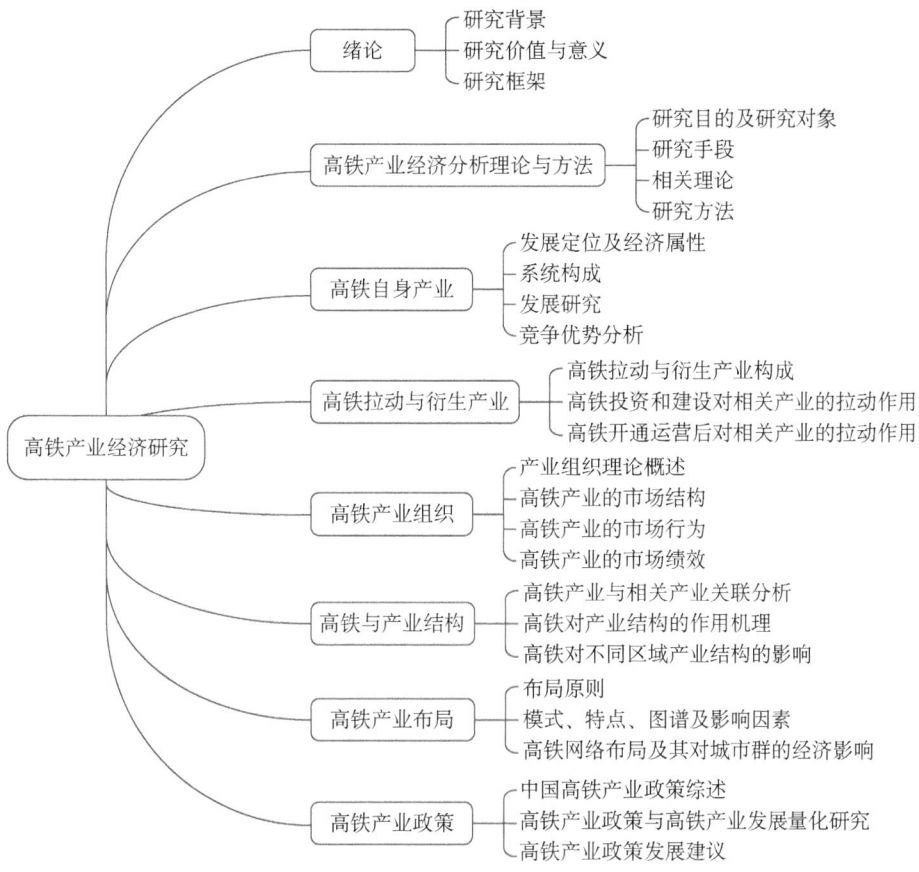

图 1-1 研究框架

第 2 章
高铁产业经济分析理论与方法

2.1 高铁产业经济学的研究目的及研究对象

2.1.1 高铁产业经济学的研究目的

就高铁产业经济学的研究目的而言,在宏观层面上可以为国家铁路局及相关部委制定高铁产业政策和产业发展规划提供科学依据,在中观层面上可以对未来的高铁产业发展趋势进行分析,在微观层面上可以为高铁自身产业链涉及的相关企业制定长期发展策略提供决策咨询。

产业经济学是人类经济社会发展到一定历史阶段的产物,是现代经济学用来分析现实经济问题、以产业为研究对象的新兴应用经济理论[2,9]。高铁产业经济学是研究高铁产业的经济活动与管理活动规律的科学,它是产业经济学向深入化、细分化方向发展过程中所产生的一门新兴学科[10]。

2.1.2 高铁产业经济学的研究对象

高铁产业经济学的研究对象是高铁产业。高铁产业经济学是以宏观经济学和微观经济学为基础,应用产业经济学的方法来分析高铁产业的经济学问题[8]。高铁产业经济学具有相对独立且十分具体的研究范围。它把高铁产业作为一个整体,一方面,分析其形成及发展问题,探索其成长与发展规律;另一方面,研究高铁产业对拉动产业和衍生产业的影响作用,分析不同的拉动产业与衍生产业的特点。针对产业经济本身所具有的多层次性,本书中高铁产业经济的研究范围包括高铁产业组织、高铁产业结构、高铁产业布局和高铁产业政策等。高铁产业组织研究聚焦于从事同类高铁产业的企业间的相互关系,该关系决定了高铁企业规模经济效益的实现与企业竞争活力发挥之间的平衡。高铁产业结构研究主要聚焦于高铁产业链中各产业间的相互联系及联系方式。产业结构及其演化规律不仅揭示了高铁经济发展过程中各产业间资源的占有关系,还展现了资源在产业配置中的基本状况和变动趋势。因此,它成为推动高铁产业发展及经济增长的重要理论依据。高铁产业布局主要研究地区产业布局的合理化问题,通过分析不同地区的产业和资源分布特征,来研究该地区内高铁的发展对产业布局的影响。高铁产业政策研究则是通过分析中国高铁产业政策,研究高铁产业政策与高铁产业发展的量化关系,从而了解高铁产业政策需求,并从区域布局、投融资政策、运价政策等方面对我国高铁产业政策提出一些建议。

2.2 高铁产业经济学的研究手段

高铁产业是在不断发展和变化的。产业经济学的研究目的和任务决定了对高铁产业及其发展规律必须进行深入、广泛的研究。高铁产业经济属于经济学的一个分支学科,因此经济学的所有研究手段都适用于高铁产业经济研究。

2.2.1 实证研究与规范研究相结合

实证研究和规范研究既是经济学研究的基本方法,也是高铁产业经济学研究的基本方法。实证研究是对高铁经济的实际运行情况进行描述、分析和解释的一种方法[2],仅分析高铁经济实际运行的过程及其规律,而不涉及高铁经济运行状况的后果和评价,也不回答高铁经济现象是好是坏的问题。规范研究则是分析高铁产业如何运行的一种方法,对高铁经济运行的过程与结果作出分析和判断,评价其利弊得失、功过是非。高铁产业经济学的研究需要全面且深入、实事求是地分析高铁产业的发展现状、发展方向及其内在发展规律。同时,产业结构、产业布局以及产业组织的合理化也是研究的重点,旨在评估市场绩效的优劣。通过这一系列的实证分析,能够形成对高铁产业应该如何发展的正确认识。在此基础上,高铁产业经济学还需进行规范研究,以提出合理的高铁产业政策建议,从而指导产业健康发展。因此,高铁产业经济学的研究结合了实证研究与规范研究这两种方法,旨在深入揭示高铁产业发展的规律。

2.2.2 定性分析与定量分析相结合

在高铁产业经济学的研究中,定性分析与定量分析是两种常用的方法。定性分析侧重于深入探索事物的性质、内涵、特征、内在联系和因果关系,以解答"事物是什么"的核心问题。定量分析则侧重于事物的数量比例和变动关系,主要解决"事物是多少"的量化问题。这两种方法相互补充,相辅相成,共同构成了一个完整的研究框架。考虑到高铁产业自身,拉动产业和衍生产业之间,以及产业内部企业之间在质和量上存在着复杂多变的经济技术联系,为了准确把握产业结构、产业组织、产业布局和产业政策的合理性,并全面分析产业关联、市场绩效和产业资源的优化配置等,只有采用定性分析与定量分析相结合的方法,才能对高铁产业的研究做到全面准确。

2.2.3 静态分析和动态分析相结合

静态分析和动态分析作为经济学研究的重要方法,在高铁产业经济学的研究中同样起着重要作用。静态分析主要关注高铁产业在某一特定时间节点或横截面上的状态,帮助我们深入了解高铁产业的当前现状。动态分析则侧重于研究产业随时间的推移而发生的演变,以揭示产业发展的趋势和规律。在高铁产业经济学的研究中,静态分析是动态分析的基石,它提供了理解产业现状的出发点;动态分析则是对静态分析的深化和拓展,使我们能够洞察产业变化的内在动力和发展方向。因此,需要运用静态分析方法来细致地考察高铁产业的产业结构、产业布局、产业关联和产业组织的现状和特征;同时,也必须借助动态分析方法,通过引入时间变量来研究产业在不同层次、各个方面的变化和发展规律。这样,才能对高铁产业的发展有一个全面且深入的认识。

2.3 高铁产业经济相关理论

2.3.1 产业组织理论

产业组织理论经过多年发展已逐步形成了较为完整的理论体系,其对高铁产业经济研究和政策实践具有十分重要的意义。产业组织理论主要有以下几种。

1. "市场结构-市场行为-市场绩效"范式

"市场结构-市场行为-市场绩效"(Structure-Conduct-Performance,SCP)范式[11]是哈佛学派的核心观点。哈佛学派认为,市场结构、市场行为、市场绩效这几个要素之间存在着密切的单向因果关系:市场结构决定企业的市场行为,而企业的市场行为产生市场绩效。根据这一范式,行业集中度高的企业总是倾向于提高价格、设置障碍,以获得垄断利润,但这会阻碍技术进步,造成资源的非效率配置;如要获得理想的市场绩效,最主要的途径是通过公共政策来调整及改善不合理的市场结构,限制垄断力量的发展,保持市场的适度竞争。

SCP范式构成了哈佛学派产业组织理论的主要内容。哈佛学派以市场为中心的观点在今天的市场经济发展环境下,有助于洞察企业组织的行为,但是该学派的理论强调经验性研究,缺乏深厚且明确的理论基础和系统分析。

2. 芝加哥学派的产业组织理论

20世纪70年代以后,在新产业组织理论发展的同时,芝加哥学派开始向传统SCP范式提出挑战。与哈佛学派强调经验性研究不同的是,芝加哥学派更注重用严格的经济学理论进行分析,强调对理论的经验证明,反对"市场结构-市场行为-市场绩效"要素之间的单向因果关系,而是强调三者之间的双向互动关系。芝加哥学派的产业组织理论的主要研究内容包括:分析了企业兼并的动因和根源,提出了产业的生命周期理论,研究了厂商的最佳规模,深入探讨了"进入壁垒"问题,创立了信息经济学理论,并用其解释市场组织问题。

3. 新产业组织理论

新产业组织理论是对SCP范式的修订和补充。20世纪70年代,新产业组织理论开始逐步兴起。该理论突破传统的分析理念,重点研究企业的市场行为,探索将产业组织理论与新古典微观经济学紧密结合的有效途径。在研究方法上,新产业组织理论主要应用数学方法和博弈论方法,通过建立理论模型,探寻企业行为的合理性,并强调经济福利问题。新产业组织理论对企业行为给予特殊的重视,将市场初始条件和企业行为视为一种外生变量,而将市场结构看作内生变量,且彼此间不存在反馈线路。这些可视为对传统的 SCP 范式的修订和补充。新产业组织理论还对一些具体的产业组织问题作了新的探索[12,13]。

4. 新制度经济学

新制度经济学是当代西方经济学的主要流派之一,是通过分析制度的构成和运行,并发现制度在经济体系运行中的地位及作用,即从制度的角度研究经济问题的经济学流派,其代表人物有科斯、诺思、威廉姆斯和阿尔钦等。新制度经济学更注重对产业组织内部的研究,从组织内部的产权结构、组织结构的变化角度来分析企业行为,以及其对市场绩效的影响。新制度经济学采用现代经济学的方法来研究制度问题,使经济学研究更接近现实,这对于产业组织理论的深化起到直接的催化作用。

综上所述,进入 21 世纪,随着博弈论等分析工具的引入,产业经济学对企业的竞争行为、竞争战略的选择等的研究越来越普遍且深入。SCP 范式仍然是学者们研究产业组织的重要工具,中国的学者们大多以中国经济转轨作为研究背景,引入制度变量,对特定产业的市场结构和市场行为与市场绩效之间的相关性进行了实证检验。

2.3.2 产业结构理论

1. 产业结构与高铁产业关系理论

产业结构优化与高铁产业存在着相互作用关系:一方面,高铁产业是社会分工不断细化的结果,高铁产业与第二产业和第三产业相关联,其产业结构优化带来的降本增效,不仅可以降低工业成本,还能降低第三产业的流通成本,因此高铁产业结构优化对高铁产业的发展至关重要;另一方面,由于高铁产业涵盖国民经济的各部门,高铁产业的提升不仅有助于增加产业产值、提高经济质量、减少不同产业间的矛盾,还有利于产业结构升级[14]。

2. 配第-克拉克定理

配第-克拉克定理是研究经济发展中产业结构演变的理论[13]。克拉克在配第的基础上通过对 40 多个国家进行研究得出以下结论:随着人均国民收入的不断提高,劳动力会从第一产业向第二产业转移,继而再从第二产业向第三产业转移,并伴随着第一产业的国民收入比重下降和第二、三产业的国民收入比重上升。由此可见,一个地区的人均国民收入越高,第一产业的劳动力比重和国民收入比重就越低,第二、三产业相应的比重就越高。

3. 库兹涅茨法则

库兹涅茨研究了产业结构的演变方向并得到以下结论:随着经济的发展,农业生产总值占国民总收入的比例和农业劳动人口占总劳动人口的比例均在下降;工业生产总值占国民总收入的比例总体来看是上升的,但是工业劳动人口的占比总体不变或略有提高;服务业生产总值占国民总收入的比例和从业人口的占比基本上都是上升的。此外,库兹涅茨在对产业结构变迁的研究中还发现,技术进步、消费结构变化和对外贸易是影响产业结构变迁的 3 个最重要的因素,同时这 3 个因素也是选取控制变量的依据[14]。

4. 新经济地理学理论

新经济地理学理论的代表学者保罗·克鲁格曼提出的"中心-外围"(Core-Periphery)模

型,标志着新经济地理学理论的诞生。新经济地理学理论在经济学模型中加入了以新古典经济学为核心的主流经济学派忽视的空间维度,根据不完全竞争理论和迪克西特-斯蒂格利茨模型(Dixit-Stiglitz Model,简称 D-S 模型)创立的。保罗·克鲁格曼结合不完全竞争、运输成本和报酬递增,解释了空间经济聚集与区域发展不平衡的原因,阐明了运输成本(本书主要讨论广义成本,其包括了运输费用等有形成本,以及时间、精力等无形成本)、规模报酬和要素流动间的相互作用是如何导致空间经济结构的形成和演变的。

5. 增长极理论

1955 年,法国经济学家佩鲁提出增长极理论。该理论的核心是:在现实中,一个地区是不可能实现均衡发展的,某些有创新能力的主导部门先在一个地区聚集,由于规模效应,聚集区经济增长较快,继而辐射至周边区域,周边要素则被其吸引向中心区聚集,从而形成增长极,并带动了周边地区发展。经济增长一般由一个或多个增长极逐渐向更大的区域传递。具有创新能力的主导部门是增长极形成的前提,技术进步或创新是地区经济增长的主要动力,这种有创新能力的主导部门就是地区领头产业。所以,构建模型时要考虑创新要素对经济聚集与扩散效益的影响,以及对地区产业结构的影响。

2.3.3 产业关联理论

1. 产业关联理论概述

产业关联理论描述的是产业间的投入与产出的数量关系,反映了各产业的需求与中间投入,将各产业间投入与产出的特征进行量化,其实质是所投入的中间产品产业与最终产品产业之间的技术经济联系。产业关联分析的首创者是美国经济学家列昂惕夫,他将马克思再生产理论、古典经济学理论和瓦尔拉斯的均衡理论等一些前人研究的理论成果进行了结合,将生产、流通与消费这几个环节看作一个整体,描述各产业部门间的经济活动。随着产业关联理论的不断发展,世界各国均应用投入产出法的基本原理对诸如人口、教育、财务、能源、环境等问题开展了研究。同样地,产业关联理论也为高铁产业经济发展提供了一种有效的分析方法。

2. 产业关联方式

产业部门开展生产活动必然就会与其他产业发生联系,主要有以下几种联系。一是产品与劳务联系[15]。各产业间的产品与劳务互为消耗是各产业部门之间联系的最本质表现。此种联系不仅表现在消耗数量的多少,还体现在产品技术含量带动过程中,社会劳动生产率提高的本质是各产业间消耗产品质量的提高和成本节约。二是生产技术的联系。一个产业部门对其产品在技术与质量方面的要求不断提高,带动了相关产业在技术要求、产品与劳务方面的要求也不断提高,从而形成各产业部门间的生产技术联系。伴随着技术的不断进步,各部门生产效率的不同会促使产业部门间劳务与产品的选择发生转移,从而引起产业结构的变化。各产业间服务与产品的等价交换形成了产业间的价格联系。将服务和产品用货币表示,使替代性产品之间具有可比价性,这不仅增加了产业间的竞争性,也有利于社会劳动生产率的提高。三是产业间的投资联系。在产业发展过程中,需加大投资以提高生产能力,而生产能力的改变又会导致与之相关联的产业试图吸纳更多的投资,从而为满足其他产业的需求来扩大自身的生产规模,以达到各产业间劳务与产品数量比例的均衡,因而属于产业间投资关联[16]。

3. 产业关联类型

产业关联类型可分为产品之间的顺联系与逆联系、单向联系与多向联系、直接联系与间接联系及产品的自我消耗联系等。(1)顺联系与逆联系。顺联系是指通过供给关系与其他产业部门发生的联系,例如矿石从开采,经过冶炼、加工,到生产出设备用品,此种产业联系称为顺联系。逆联系是指后续产品返回先行生产部门生产的一种联系,例如机械行业为高铁行业提供原材料,高铁行业为机械行业提供设备。(2)单向联系与多向联系。单向联系是一种直线式的产业联系,产品流转只能沿一个方向,并且是不可逆的,例如棉花种植业到纺织业再到服装制造业就是一种单向联系,棉花种植业为纺织业提供棉花制成布匹,再到服装制造业制成衣服,但是成品服装无法返回到纺织业和棉花种植业。多向联系是指产业部门间的产品与要素可以相互流转。在实际生产过程中,各产业部门间的关联方式往往不是单一固定的,而是由单向、双向和环向联系等多种交互关系共同作用的。(3)直接联系与间接联系。直接联系是指两个产业部门间直接提供产品或服务,如金属制造业和钢铁冶炼业。间接联系是指以其他产业部门作为中介,将两个不直接发生生产联系的产业部门联系起来。在高铁产业经济系统的运行过程中,各产业部门间包含着大量的直接联系或间接联系。

2.3.4 产业布局理论

1. 区域产业分工与合作演化理论

根据区域经济学的观点,区域内和区域间的产业任务分工是推动区域经济增长的主要力量。然而,纵观我国城市群发展的历史实践,由于地方政府普遍存在追求最大化行政区内利益的动机,致使行政区经济一度盛行,行政区边界通常成为区域产业分工与合作、推动区域经济一体化以及城市群协调发展的主要障碍。此行政界线带有明显的政治特征,仅仅凭借市场和社会力量通常难以有效地消除其对区域产业分工和协作的影响,反而会进一步影响区域经济一体化的进程,从而导致城市群内或区域之间的产业同构现象严重加剧。因此,由政府主导实施跨界协调就显得尤为迫切且必要。针对上述问题和需求,近年来,我国对城市群发展较好的地区出台了一系列区域协调发展政策和规划,旨在通过跨境协调来试图消除行政边界的阻碍效应,以加快推动城市群区域的一体化进程和协调发展[17]。因此,有必要分析和揭示区域产业分工与协作的形成机理,研究基于合理产业分工的区域经济协同发展机制。其目的是为区域产业经济发展、区域与城市群协调发展提供指导,同时,也为区域产业布局和区域产业转移等研究提供必要的理论基础[18]。

2. 区域产业布局理论

区域产业布局理论研究聚焦于产业在空间上的配置问题,该理论起源于产业区位理论,而产业区位理论又源于杜能的农业区位理论。杜能的农业区位理论的观点是:在以市场(城市)为中心的条件下,农产品的种植地离市场(城市)的距离取决于几个因素,即农户可支付的区位地租、运输到市场(城市)的单位运费、农产品的销售价格、市场(城市)对农产品新鲜度的要求、农产品的易腐性、农产品的质量和体积属性等。综合考虑以上各因素,农产品的种植地以市场(城市)为中心形成同心圆结构。之后,韦伯提出了工业区位理论。该理论的观点是:工业区位主要受到集聚效应及产品费用(包括劳动力成本即工资、运费等)的影响,一般工业部门会将运费最低的点作为最优区位,而一些劳动密集型企业会将劳动力成本即工资的最低点作为最优区位。自韦伯之后,有学者发现成本最低点不一定是利润最大点,除劳动力成本和运费以外,市场的供求对产品价格的影响也越来越大。由此,克里斯塔勒提出了中心地理论。所谓中心地,是指能服务一定区域,并为其提供资源的城镇。这些城镇通常位于区域的核心地带,中心地等级越高,其数量越少;反之,中心地等级越低,其数量越多,各级中心地呈现网状分布。随后,廖什又提出了区域平衡理论、经济区位理论、工业区位理论及市场区位理论等。他认为消费者需求是决定工业布局的最重要因素,在进行工业布局决策时,应平衡消费者的需求与厂商供给者的供给[18]。

3. 区域产业转移理论

区域产业转移不仅是产业演进过程中的空间调整策略,还是区域发展过程中的产业变革行为,所以其不仅受到产业增长和演变规律的支配,还受到区域发展阶段的影响。另外,在市场经济条件下,因为企业是实施产业转移的主体,产业转移直接受企业跨区域投资行为的影响,所以,区域产业转移理论的基础应包括区域发展、产业演进和企业跨区域(国)投资等相关理论。

产业转移之产业演进理论。产业演进被定义为产业结构和内容不断变化的发展过程,即产业不断自我更新的过程,不仅包含单一产业(产品)生命周期的发展过程,还包含由主体需求的层次推动导致产业结构的高度化演进过程,亦即第一、第二、第三产业依次在经济增长中起主导作用,成为国民经济支柱的转换过程。在开放型经济时代,产业演进是区域产业转移的推动力,同时区域产业转移亦是产业演进的空间表现形式和重要的实现途径。1966年,弗农提出了产品生命周期理论,该理论反映了发达国家和地区的产业成长及转移规律。他将产品的生命周期分为创新、成熟与标准化三个阶段。1998年,迈克尔·波特提出,生命周期的三个阶段分别代表了国际产业竞争中要素驱动型、投资驱动型和创新驱动型三种基本形式。日本学者赤松提出的"雁行发展模式"是指,在开放型经济条件下,后发工业国通过引进、替代和出口来促进本国产业从无到有、由弱到强的成长历程,该理论也形象地描绘出了后发工业国通过承接发达国家的产业转移来实现工业化,然后再将其转移到其他发展中国家的梯度转移轨迹。

产业转移之区域发展理论。类似于产业演进过程,区域发展亦遵循一定的规律。区域的成长有自己的生命周期,处于生命周期不同阶段的区域,其产业集聚与扩散的态势也不同;区域间的发展存在非均衡性,且具有比较优势,优先发展起来的区域产业有向其他相对落后的区域转移的趋势,此种转移还推动了区域间产业的重新布局及比较优势的动态变化。

1966年,汤普森提出了区域生命周期理论。该理论的观点是,一个工业区建成后,其好比一个有机生命体,会遵循从年轻到成熟,然后再到衰老的变化规则。如果处于区域的工业年轻期,该区域的比较优势被承认,资本将大量涌入,市场也会急剧扩张,自主研发的或来自外部的创新技术会成为区域高速增长的技术支撑,处于年轻期的工业区会以明显的竞争优势吸引大量企业入驻,从而促进产业的聚集和成长。当区域发展到成熟期,其与周边区域相比较处于支配地位,随之,生产向外围进行扩张和转移,人员、资本和技术也会向外部输出,但成熟的工业区仍保持相对优势,产业运营良好。当区域步入老年阶段,区域内部竞争的加剧会逐渐耗尽其原有的比较优势,再加上厂房和设备陈旧过时、劳动力成本上升以及土地的过度开发使得企业难以获得扩展空间,同时,工业区的生产大量向区域外转移,区域就陷入严重的衰退和萧条。但是,老年期的区域还可以通过再创新实现"返老还童",从而进入新一轮的生命周期循环。

由增长极理论可知,经济并非同时在所有地方出现,而是以不同强度先出现在某些区域,也就是所谓的增长点或增长极,然后通过不同渠道向周边扩散。因此,在某个时间点,不同区域间总会存在着经济发展的差距和非均衡的情况。诺贝尔经济学奖得主缪尔达尔对增长极理论进行了补充,其观点是增长极与周边区域之间不只存在着正向的"扩散效应",还存在着反向的"回波效应",尤其是因为循环积累因果规律的作用,在相当长的开始时期,回波效应通常大于扩散效应,导致发展过程中区域间的差异有不断扩大的趋势,从而形成了地理上的二元结构。之后,弗里德曼在考虑区际不平衡较长期演变趋势的基础上,提出了区域发展的"核心-边缘"理论,即经济发展不会同时在所有区域出现,最先发展起来的区域在强大的聚集经济带动下能够集聚周围要素,形成"核心区",而相对落后的周边区域则成为"边缘区"。该理论反映了区域发展的空间不平衡和动态演化过程。

产业转移之跨国公司投资理论。以上的区域产业转移理论主要从宏观层面即产业和区域层面进行了阐述。但是,在市场经济条件下,企业才是实施区域产业转移的主体,由此,探索企业跨区域(国)投资的理论即构成了产业转移的微观理论基础。其中,最具代表性的理论包括威尔斯的"小规模技术理论"、邓宁的"国际生产折中理论"和拉奥的"局部技术创新理论"等,在此不再赘述。

2.4 高铁产业经济学研究的具体方法

2.4.1 数学、计量经济学和统计学方法

数学、计量经济学和统计学是产业经济学研究不可或缺的常用方法。无论是定量分析还是实证研究,都需要运用到包括概率论、线性代数、微积分等在内的各种计量方法和统计分析方法,否则高铁产业经济学的实证研究和定量分析将无法展开。例如,市场集中度和市场竞争状态的分析、市场绩效的判断、产业结构的分析、产业关联度的衡量、主导产业的分析、产业经济的预测等都离不开数学、计量经济学和统计学方法。

2.4.2 社会调查和案例研究方法

社会调查和案例研究也是产业经济学研究的重要手段。产业经济学的实证研究必须以能够反映产业各方面实际情况的资料为前提。对产业实际情况的了解和认识源于社会调查、实地调研和数据统计。想要进行产业组织研究,就离不开对典型案例的深入分析。鉴于产业内部有众多企业且存在复杂的关系,不可能对所有企业及其相互关系逐一开展研究,因此案例研究方法就显得尤为重要。

2.4.3 投入产出分析方法

由美国经济学家列昂惕夫最早提出的用于研究产业关联的主要手段是投入产出分析法。投入产出分析法是应用投入产出表与投入产出模型来研究一定时期内,一个经济体系(国民经济、地区经济、部门经济、公司或企业经济单位)中各部分间投入与产出的相互依存关系的一种数量分析方法,从数量比例角度揭示各产业间的经济技术联系及规律。

2.5 本章小结

本章首先阐明了高铁产业经济学的研究目的和研究对象,并介绍了高铁产业经济学的基本研究方法,包括实证研究和规范研究、定性分析和定量分析以及静态分析和动态分析。其次,分别从产业组织理论、产业结构理论、产业关联理论和产业布局理论等方面,介绍了高速铁路产业经济学的一些相关理论。最后,介绍了相关研究工具,如数学、计量经济学和统计学方法,社会调查与案例研究方法,以及投入产出分析方法等。上述这些理论和方法为后续具体研究和分析高铁产业夯实了理论基础。

第 3 章
高铁自身产业

3.1 高铁产业的发展定位及经济属性

3.1.1 高铁产业的发展定位

高铁产业是以高速动车组列车的运营和服务为核心,涵盖高铁技术研发、客运专线工程建设、机车车辆装备制造、现代通信和信号技术、产品设计和服务等多个环节的战略性新兴产业[19,20]。高速铁路之所以成为一个新兴产业,一方面是因为它具备产业发展的两大关键驱动因素:其一是它的技术不断进步,引领着世界铁路产业技术的新浪潮;其二是它的市场潜力巨大且应用范围广泛,具备替代传统铁路客运的潜力。另一方面是由于高速铁路的技术复杂、与其他产业相关度高,直接带动了建筑、冶金、新材料、新能源、精密制造、高端装备制造、电力电子、通信信号、旅游经济等上、下游产业链的发展和升级。另外,通过观察高速铁路的发展历程可以发现,将其定位为一个产业也是符合联合国经济委员会关于产业化的定义的,即:①生产的持续性(continuity);②生产的标准化(standardization);③生产过程中各阶段的集成化(integration);④工程高度组织化(organization);⑤尽量采用机械化作业(mechanization)替代人工劳动;⑥生产与组织一体化的研究与开发(research and development)[19]。

高铁产业之所以备受关注并被确立为国家战略性新兴产业,其主要原因如下:

(1)高速铁路产业的发展所依托和代表的是当今世界最先进、最现代化的铁路运输技术。

(2)高铁产业对于推动我国社会进步,加速城市化和城镇化进程具有重要意义。我国正处于新型工业化时代的后运输化阶段,且面临国土辽阔、人口众多的基本国情和资源分布不均、经济发展水平不平衡等问题,因此铁路运输成为综合交通运输的重要支柱,发展高速铁路势在必行[21]。就区域发展而言,高速铁路的迅速发展对于降低地区间要素流动、物流等的生产成本和交易成本,创造更多就业机会和投资机会,推动城镇化和工业化进程的作用较为显著,同时也有助于优化地区产业布局和升级产业结构,为协调区域经济均衡发展提供了有力支撑。

（3）围绕高铁的建设和运营聚集了一个庞大的高新技术产业集群。新一代高速动车组拥有超过 10 万个零部件,其中包含 260 多个独立的子系统,涉及机械、材料、电子、电气、冶金、化工等多个产业领域。这便形成了一个以国内十多家机车车辆装备制造企业为核心、整合了上下游相关配套企业资源的高速列车技术装备制造产业链。其中,一级配套企业涵盖了 12 个省份,超过 140 家企业,二级配套企业达到了 500 多家,遍布全国 22 个省份。

（4）高铁产业是一种具有高环境效益的绿色产业。

综上所述,高铁产业不仅符合我国战略性新兴产业的特征,即技术门槛高、综合效益好、市场潜力大、带动效应大,而且反映出当今全球范围内产业结构转型,以及绿色经济、节能经济的发展特点和趋势。

3.1.2 高铁产业的经济属性

高铁产业作为一种新兴的交通运输产业,既具有交通运输业的一些共性,又具有自身的特殊性。高速铁路在国民经济中的基础性和先导性地位是由其产业技术经济属性所决定的。

（1）基础性。从 19 世纪中叶开始,铁路运输逐渐发展成为工业化国家陆路的主要运输形式。高铁因其大规模、高速、安全、准点、全天候的特点,成为工业化进程中的基础性产业,并成为个人出行的主要方式;同时,高铁运输线路及设备也成为经济社会重要的交通基础设施。

（2）战略性。从工业化国家的发展历程来看,铁路铺设到的地方,市场交易大幅扩展,伴随而来的是市场的繁荣和工厂的进驻。因此,高速铁路是国土开发、区域经济快速发展以及加速城市化的关键力量和基本条件。此外,高速铁路的建设和运营还能推动区域就业、拉动市场需求及增强区域经济的竞争力,是国家长期经济发展战略和宏观调控的重要组成部分。

（3）先导性。在区域社会经济发展中,高铁建设和运营的先导性源于其对国土开发和促进区域经济增长的重要作用。先导性是指高速铁路作为关键的交通基础设施,其建设和发展应该在一定程度上领先于经济社会的产出需求。由于高铁建设和发展具有先导性,在其建设的早期或特定时期,政府力量的介入是很有必要的。例如,各个国家和地区常用的扶持政策包括提供土地使用权的优惠、调整财政税收、政府直接参与等。

（4）规模性。由于高铁具备大规模、长距离和快速运输等优点,因此其运输规模远超公路和民航,这有助于有效推动规模经济的发展。存在大规模运输需求或潜在需求是高铁建设运营的先决条件,如果需求不足,特定线路的运营可能会不划算,甚至出现亏损。

（5）网络性。铁路网络的规模和覆盖范围会直接影响高速铁路的运输量和运输成本。根据梅特卡夫法则,网络的价值与连接到该网络的用户数量相关,在其他条件不变的情况下,连接到规模较大的网络比连接到规模较小的网络更优。

（6）公益性。与传统铁路运输一样,高铁运输承担了大量的公益性运输任务,如专运、特运等。高铁客运在某种程度上已成为公共交通的延伸或组成部分。事实上,欧美发达国家以及俄罗斯、印度等,都对铁路客运进行了补贴。这表明铁路客运具有公共品属性或准公共品特征。在我国,铁路公益运输还包括学生半价运输和国家宏观调控运输任务等。此外,高铁运输的公益性也导致其价需要依托市场,基于运输需求变化,并以适当的财政补贴来支持,而不能完全根据建设成本和运营成本来确定。

(7) 经营性[22,23]。由于高速铁路建设投资的多元化,其经营性特征相较于传统铁路更为突出。除了承担公益性运输和照顾性票价之外,高铁产业的发展需要强调经营性。就像发达国家实施铁路运营民营化所展示的那样,铁路运输企业面向市场,参与运输市场竞争,并具有一定的运输价格定价权,如此是可以实现盈利的。与公路、民航和水运相比,高速铁路具有独特的运输优势,尤其是在单位运量成本方面可以实现更低的成本,从而使其具备价格竞争优势。如果管理得当,采取有效的营销策略,高铁运输业的经营性将拥有广阔的发展空间。

(8) 社会性。由于高铁运输承担公益性运输,同时提供基本出行权和运输方式,加上其运输网络覆盖范围广,因此高铁运输还具有社会性。随着政企分开和高速铁路市场化进程的不断深入,以及我国人民生活水平和生活质量的提升,高铁产业的社会性体现在越来越多的方面。首先,在铁路运输逐渐成为大众化交通工具的背景下,高铁已成为春运、暑运、黄金周等特定高峰运输期间的主要运输方式。其次,高铁具备全天候、大运量、安全、准时、可预期的运输优势,这使得乘客心理上产生了对高铁的依赖;同时,高铁还实现了亲人团聚等社会文化诉求的刚性保障。

3.2 高铁产业系统构成

高速铁路的建设本身就是一个巨大的产业链,就建设过程而言,高铁产业涵盖了基础设施建设、铺轨、车辆和配套设施的开发、运营与维护等,以此划分为上游、中游、下游三大部分:上游铁路基本建设包括路基、桥梁、隧道;中游铁路配套相关行业包括车辆及轨道生产、信息化和电气化设备行业;下游包括运营维护行业。高铁产业链涉及机械、电子、信息技术、材料等多个领域。其中,与高铁内核产业相关联的产业,我们称之为高铁主导产业,具体可分为五大组成部分(图3-1):

(1) 高铁基础设施(高铁建筑业),包括高铁桥梁隧道建设、高铁轨道铺设、高铁车站建设和高铁供电系统建设。

(2) 高铁动车组制造(动车制造业),包括牵引机车制造、动车组整车及车厢制造以及高铁车轴、紧固件及控制器件等高铁零部件制造。

(3) 高铁信息与通信业(高铁软件业),包括高铁信息信号设备制造、高铁计算机信息系统制造和高铁运营信息与控制系统。

(4) 高铁运营及维护业,包括高铁财务与金融、高铁养护和高铁检测系统及设备[24]。

(5) 行业标准及组织,包括与高铁相关的建设运营标准。

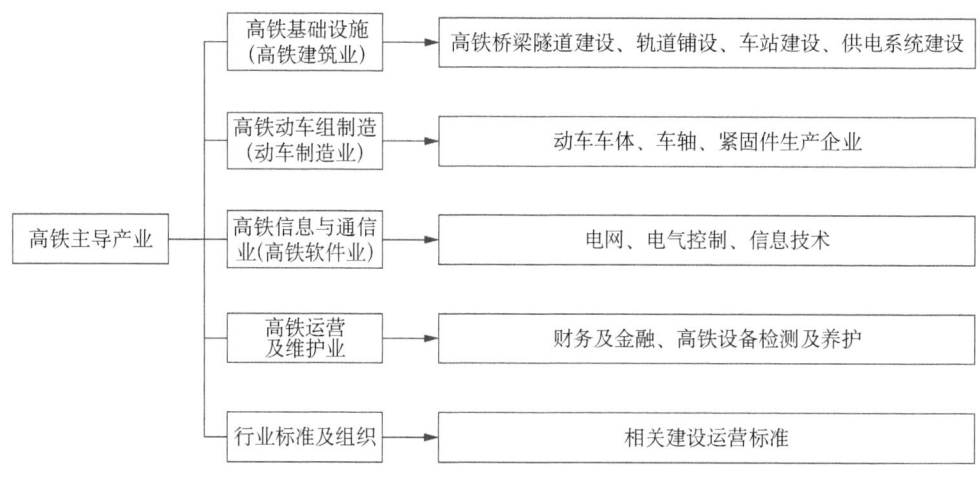

图 3-1 高铁主导产业

3.3 高铁产业发展研究

自 1964 年世界首条高速铁路日本东海道新干线建成并投入运营以来至 2024 年,高速铁路的发展经历了 60 年的历史。截至 2023 年底,我国高铁营业里程已达 4.5 万 km,超过全球高铁营业总里程的 2/3。我国已成为世界上高铁里程最长、运输密度最大、成网运营场景最复杂的国家。随着我国高铁速度等级的不断提升,高铁带来的交通便利已惠及全国 93% 的人口规模在 50 万以上的城市。目前已逐渐形成布局合理、覆盖广泛、层次分明、安全高效的高铁网络。

3.3.1 中国高铁产业发展历程

2008 年 8 月,我国第一条设计时速 350 km 的高速铁路——京津城际高铁开通运营,标志着中国高铁时代的正式到来。十余年间,中国高铁营业里程从 0 到 4.5 万 km,中国高铁列车以超乎想象的速度呼啸而来,令世界瞩目。对于个体而言,高铁改变了我们的时空观念,将中国变小,世界变大;对于城市而言,高铁更是一场地理革命,正改变着中国的经济格局。中国高铁产业经历了从无到有、从弱到强、从"跟跑"到"并跑"再到"领跑"的过程,实现了从"技术引进"到"中国制造"再到"中国创造"的跨越式赶超。回顾中国高铁产业的发展历程,大致可分为以下六个阶段。

1. 技术积累期(2003 年以前)

技术积累期奠定了中国高铁产业发展的基础。20 世纪 80 年代,我国已经就是否建设高铁、高铁的建设方式及标准达成了初步共识,并于 1990 年底完成了《京沪高速铁路线路方案构想报告》,开启了建设京沪高铁的预研。20 世纪 90 年代初,中国开始了对高速铁路的技术研究和工程实践。当时国家科委将"高速铁路成套技术"重大科技攻关项目列入国家"八五"

重点科技攻关计划,为京沪高铁的建设和随后的6次铁路大提速做了必要的前期技术准备。1997年开始,既有铁路大面积提速。1998年8月,中国第一条跨海铁路——粤海铁路通道全面开工建设。此后,我国不仅开通运营了广深高速铁路,实施了第六次铁路大提速,以及秦沈客运专线等三条主要线路的试验和运营实践,还成功研发了一系列国产高速列车,如"先锋""蓝剑"和"中华之星"等。其中,"中华之星"动车组尤其具有代表性。它是在京沪高铁"轮轨"与"磁浮"技术路线之争背景下于2000年立项,该型号列车的最高运营时速为270 km。2002年秦沈客运专线进行了冲刺试验,"中华之星"动车组创下了321.5 km/h的速度纪录。通过这个项目,我国不仅大大提高了动车组制造的系统集成能力,而且在动力系统、高速制动系统、转向架等方面也实现了重大的技术突破。然而,"中华之星"动车组在试验和运行过程中出现了一些问题,导致在2003年召开的高速动车组专业研讨会上,专家们认为该型号列车在技术水平、产品成熟度和可靠性方面与国外先进水平列车尚存在比较明显的差距。同时,该列车采用的动力集中式布局技术路线与国外主流的分散式布局路线相悖。产品差距的背后反映出的是我国高铁装备领域在技术、材料、工艺等方面的落后。

这期间,中国铁路部门依靠自身技术力量自主研发出的高速列车,虽然与国外先进国家的列车相比仍存在较大差距,但是我国高铁产业在此阶段所做的创新,奠定了高速铁路企业早期的技术开发基础,形成了初步的高速铁路技术体系,也培育和锻炼了人才,并为下一阶段的技术引进、消化、吸收和再创新提供了技术和人才储备。

2. 国外技术引进和消化吸收阶段(2004—2007年)

2003年铁道部提出了跨越式发展路线,以"短平快"的方式实现发达国家走过的高铁发展历程,通过整体的技术引进和消化吸收,推动实现国产化发展,从而使中国高铁跻身世界前列。这标志着我国高速铁路从持续了十几年的自主发展道路向"引进—消化吸收—自主创新"的路径上转变。国务院在2004年召开的专题会议上也确定了引进少量原装、国内散件组装和国内生产的项目运作模式。铁道部在2004年6月为第六次大提速进行了时速200 km动车组招标,庞巴迪、川崎和阿尔斯通分别与各自的中方合作企业中标,并研发出之后的CRH1、CRH2和CRH5三类车型,西门子则因要价太高并拒绝技术转让而出局。这次招标共分7个包,每个包20列动车组,包括1列原装进口的原型车(派人到外国企业考察);2列国内散件组装列车(在外国企业的技术指导下进行);17列国产化列车(逐步实现国产零部件逐步取代进口零部件,提升国产化水平)。铁道部制定此类规定旨在保证我国企业对国外技术的掌握并逐步提升国产化水平。此轮制造工艺、生产流程及相关技术的引入,不仅改善了国内企业的技术管理平台,也助力原材料和零部件引进通道的建立,实现了国内企业在核心零部件和整车制造上的国产化。然而,由于外方只转让了设计结果(即制造技术),并未转让核心技术(即包括控制算法、调试运行在内的设计技术),因此很多环节还需要借助外方,我国在此时并不具备自主研发能力。

2005年,铁道部启动了设计时速300 km及以上的动力分散型动车组采购项目。中标企业有中国北车集团唐山轨道客车有限责任公司、西门子公司(研发了日后的CRH3型高速动车组)、庞巴迪在中国的合资企业四方庞巴迪以及中国南车青岛四方机车车辆股份有限公司(以下简称"南车四方")。其中,南车四方通过之前的技术引进和消化吸收实现了独立中标。此次招标主体为南车四方,而有关的国外企业仅提供技术参考。这得益于南车四方对日本动车组平台在消化吸收基础上的挖潜。从首轮投标生产的 CRH2A 到第二轮投标生产的 CRH2C,很多方面都有了改善,例如列车牵引电机功率的提升、传动比改进带来总牵引功率的提升以及车体构造、减噪、转向架等方面的改进。

至此,在铁道部的统筹下,中国各企业通过两轮大规模引进,成功获得了日本、法国、德国的高铁技术,不仅锻炼了设计能力,也具备了来图制造能力,实现了技术积累,追上了世界先进水平。具体而言,中国聚力引进四家世界上最先列车制造企业的高速铁路动车制造技术,统筹各方资源,组织国内轨道交通相关部门开展引进技术的消化、吸收、再创新。在此阶段,中国掌握了高速动车组的九大核心技术和十大主要配套技术[25,26]。这一过程为我国高速铁路产业的发展注入了新动力,也极大地推动了中国高铁基础理论和相关产业关键技术研究的全面进步,大幅提升了中国高铁技术装备水平,并在迅速升级高铁技术的同时,将相关技术加速渗透到中国高铁的整个产业链中去。

3. 自主创新阶段(2008—2012 年)

为使筹备已久的京沪高铁能用上我国自主产品,2008 年铁道部与科技部联合签署了《中国高速列车自主创新联合行动计划》(以下简称《计划》),提出研制新一代时速 350 km 及以上的高速列车,具备完全自主的高速列车技术、装备、产业化能力和运营服务能力的目标。不同于原来的技术引进和逆向复制,该《计划》的出台标志着我国高速铁路装备制造进入自主研发阶段。一方面,这是一个正向设计的过程,首先要确定顶层速度指标,通过层层分解明确各子系统的指标,再制订详细的技术方案;另一方面,京沪高铁要求最高运营时速达 380 km,持续运营时速为 350 km,例如南车四方在对已有引进平台最大限度地挖潜后,仍未能达到要求的标准,故而必须在原来的积累上进行全新的设计。为实现这个宏伟目标,我国充分发挥了举国体制优势,通过国家科技支撑计划项目将企业、高校、科研院所、重点实验室和工程研究中心组织起来,突破关键技术,生产重点产品和零部件,最终生产出了 CRH380 系列动车组。该系列动车组目前仍是我国高铁运营的主要车辆类型。

该系列中自主化程度最高的动车组为南车四方生产的 CRH380A 型动车组,它也是近年来国家领导人出访外国在介绍中国高铁时所携带的模型车型。CRH380A 型动车组的高自主率得益于南车四方对自我创新所作出的连续、不间断的追求和努力:第一轮,招标时对日系时速 200~250 km 动车组技术进行了扎实的学习和消化吸收;第二轮,承担了巨大风险独立投标时速 300 km 动车组,立足引进技术进行改进和生产,积累了独立研发经验;第三轮,在铁道部、科技部牵头的科技计划项目支持下,对总体设计进行了质的提升。同时,在产品领域也承前而来,从 CRH2A、CRH2C 到 CRH380A,进行了脱胎换骨的转变,并拥有了自主知识产权。2010 年,美国戴维斯律师事务所与美国专利商标局对 CRH380A 型高速动车组进行了评估,指出该型动车组不会出现任何产权纠纷的情况,这在法律层面上为南车四方的动车组出口提供了保障。2012 年,南车四方中标香港高铁项目,包括原技术提供方川崎在内的其他国际企业并未提出有关知识产权的异议。这些例子不仅说明了我国自产高速动车组"走出去"完全不受知识产权的约束,而且是对我国高铁装备领域自主研发能力的有力肯定。

在 CRH380 系列中,北车集团也开发出诸多车型。其中一种是 CRH380BL 型动车组,它是在 CRH3C 型动车组基础上通过创新发展起来的,脱胎于德国技术,但零部件外购比例相对较大。另一种是 CRH380B 型动车组,为北车集团长春轨道客车股份有限公司针对东北地区所研发的高寒型动车组,能够适应－40℃的运营环境,是中国高铁装备领域的一项重大突破。它不仅克服了气候条件对高铁运营的制约,拓展了高铁的运行地域,也完善了中国高速动车组谱系。随后,北车集团在前两款车型基础上又研制出了 CRH380C 新型动车组,在车头、牵引传动系统两方面取得了重大突破。

4. 发展低谷阶段(2011 年)

2011 年,我国高铁产业正步入快速发展阶段,却遭遇了重大挫折。同年 2 月,原铁道部多名领导涉嫌严重违纪,之后高铁建设受到冲击,银行收紧贷款,项目投资大幅下降,全社会也开始关注因高铁建设而产生的庞大债务。7 月初,我国高铁开始降速,原时速 350 km、250 km 的线路分别降至时速 300 km 和 200 km 运营。随后发生了震惊中外的"7·23 甬温线特别重大铁路交通事故",造成 40 人死亡、172 人受伤,社会各界对此次事故口诛笔伐,逐步演变为对中国高铁的质疑。这些事件对我国高铁发展的巨大打击体现在三个方面:一是降速,不仅高铁运营速度全面下降,而且新建高铁线路标准降低,如按照时速 350 km 标准在建的大西、兰新等高铁线路在线下工程即将完工的情况下,线上工程却不得不下调为时速 250 km;二是银行进一步减少贷款,由于建设资金不足,大量线路被迫停工,很多拟开工的规划线路被叫停;三是严重阻碍了中国高铁拓展国际市场,造成铁道部与许多国家达成的高额意向合作失效。

一般来说,事物的发展历程并非一条上升的直线,可能会经历波峰与波谷交错的各种起伏,呈现螺旋式上升的轨迹,我国高铁产业也不例外。此次挫折是高铁跨越式发展所付出的代价,使我国高铁发展进入低谷阶段。一方面,我们应该遵循科技发展的规律,要清楚地意识到几年内不可能完全取得国外几十年的技术积累与成果,同时跨越式发展也让我们缺乏技术研发中试错的经验;另一方面,高铁发展不仅仅是高速动车组等新装备的应用,还需要长期地积累运行经验以及信号控制和管理经验,并建立应对突发事件的应急处理系统。所有这些都需要在高铁运营的长期实践中建立和不断完善。之后通过各方努力,我国高铁克服了艰难的内外部环境,改变了广大群众的消极看法,获得了广泛的认可和声誉,也重新赢得了国际社会的尊重。

5. 技术赶超期(2012—2015 年)

我国高铁若要始终处于国际先进水平,实现高铁领域的完全自主化,首先需要在关键领域、技术、产品等方面努力追赶,同时对最新一代技术不断地进行探索和研发。2012 年,科技部发布了《高速列车科技发展"十二五"专项规划》,其中明确提出,要发展"基于永磁电机的新兴牵引传动技术、标准和装备体系"以及"适应并引领世界高速列车牵引传动模式的技术和装备战略转型"[19]。虽然,我国企业对永磁同步牵引系统的研究起步稍晚,但通过各方努力,在该领域已经逐渐赶上了国外先进水平。其次,在国家层面也开展了前瞻性、技术性、理论性研究,为具有战略意义的高铁装备产业发展做好技术储备和理论储备。在此基础上,我国设立了"时速 500 km 条件下的高速列车基础力学问题研究"国家"973 计划"项目,研发出 CIT500 型高速列车。该项目和该型车的试验,旨在对轨道交通的轮轨、流固、弓网这三大基础关系,关键系统的可靠性,以及新材料、新技术进行研究。

2015 年 6 月下线的中国标准动车组是我国自主研发阶段的新一代成果,该型动车组对此前日系和德系的技术进行了本质上的创新,实现了对动力、变流、网络控制等关键系统部件的自主化,更重要的是建立了动车组的中国标准。该型动车组所采用的国家标准、行业标准和技术标准,涵盖了动车组基础通用、牵引电气、制动及供风、车体、走行装置、司机室布置及设备、列车网络标准、运用维修等 13 个大的方面。

在满足国内需求的同时,我国高铁装备产业积极实施"走出去"战略,国家领导人也多次向出访国介绍中国高铁。中国高铁在国际高铁市场竞争中取得了一系列成绩:2014 年 7 月,中国铁建总承包的土耳其安伊高铁二期正式通车;2015 年 4 月,我国与印尼签署了价值 60 亿美元的雅加达至泗水的高铁项目;2015 年 11 月,我国面向欧洲市场出口的首单动车组在马其顿进行了实地测试。

6. 高铁发展迈入新征途(2015 年以后)

我国具有全球最大的高铁市场,中车集团是全球最大轨道交通装备供应商。CRH380 系列动车组成为我国高铁线路上的主力车型,在一些先进技术领域处于国际一流水平。技术先进、安全可靠、成本具有竞争优势等是对我国高铁装备最积极中肯的评价。然而,也应注意到,我国高铁装备产业发展还存在一些问题,"走出去"形势并不乐观。一方面,我国高铁是在较短时间内发展起来的,不仅技术成熟度还有待进一步验证,还缺少长时间的安全运行经验积累;另一方面,国际环境风云变幻,国际竞争也日趋激烈,国外企业在技术、运营经验、安全性等方面给客户的印象更具优势。

2018 年,由中国铁路通信信号集团研发的全球首套时速 350 km 高铁自动驾驶系统(C3+ATO)[①]顺利完成实验室测试,标志着我国高铁自动驾驶技术取得了重大突破。在列车运行控制技术的保驾护航下,中国高铁智能化运营水平领跑全球,即将迎来自动驾驶时代。

在国际合作方面,中国高铁也取得了显著成就。例如,中老昆万铁路作为中国公司首次承建的海外高铁项目,不仅展示了中国高铁建设的实力,也加强了中老两国的经贸联系。此外,印尼雅万高速铁路也是中国高铁"走出去"的又一重要成果,该项目不仅提升了印尼的交通运输水平,也促进了当地的经济发展。

2018 年 12 月 22 日,在中国铁路科技创新成就展上,时速 350 km 17 辆长编组、时速 250 km 8 辆编组、时速 160 km 动力集中等多款"复兴号"新型动车组首次公开亮相。这几款动车组均由我国自主研发设计,其技术性能达到世界先进水平。2019 年,中国高铁技术实现了进一步突破,新型高速列车"复兴号"连续两次以 603 km/h 的速度创纪录,再次证明了中国高铁技术的先进性。

---

① C3+ATO:高铁自动驾驶系统,是中国铁路通信信号股份有限公司自主研发的自动驾驶系统,是在中国既有时速 350 km 列车运行控制系统 CTCS-3 基础上增加列车自动驾驶功能(ATO)的行业前端技术。

2023年6月，CR450动车组试验列车在福厦高铁湄洲湾跨海大桥上开展了性能验证试验，列车单列时速达453 km、相对交会时时速达891 km。这说明更快、更安全的中国高铁正向我们走来。当前，中国高铁总体技术水平已迈入世界先进行列，高速、高原、高寒、重载铁路技术水平属世界领先。"复兴号"产品谱系化发展，时速600 km的高速磁浮交通系统成功下线。另外，我国成功研制了世界上最大直径全断面硬岩掘进机、世界首台桩梁一体智能造桥机以及千吨级架桥机。我国在高铁领域的科技创新能力持续增强。

到2035年，中国将建成现代化铁路网，全国铁路网将达到20万 km左右，其中高铁7万 km左右。这意味着中国高铁网络将进一步扩大，覆盖更广泛的地区，为更多民众提供便捷、高效的出行服务。

随着技术的发展、产品的更新、市场日新月异的变化，在日本、德国、法国、加拿大等国的各大企业积极抢占高铁领域制高点的同时，我们不能对以往的成绩沾沾自喜，也不能对未来的发展掉以轻心，更不能停下技术研发和市场开拓的脚步。我们需要保持战略的定性、稳定的心态和冷静的头脑，并且充分认识到我国在高铁领域尚存在的不足和问题，通过加大投入、不断创新、弥补短板、打造品牌，使中国高铁在未来能引领全球高铁装备行业的发展。

3.3.2 中国高铁产业总体发展情况

截至2023年底，中国高铁营业里程已达4.5万 km，超过全球高铁营业总里程的2/3。截至2019年一季度末，中国高铁动车组累计运输旅客突破100亿人次。中国高铁的安全可靠性和运输效率世界领先。诸多新线的投运大幅压缩了旅客列车的运行时间，为铁路运输能力提升提供了有力支撑。高铁的成网运行拉近了时空距离，不仅促进了人流、物流、信息流、资金流的快速交流，也带动了高铁沿线旅游业等产业的增长，继而促进了区域经济协调发展。2003—2023年中国高铁运营线路统计结果如表3-1所列。

表3-1 2003—2023年中国高铁运营线路统计

线路名称	起讫点	里程/km	设计速度/(km·h^{-1})	开通运营时间	累计里程/km
合宁客运专线	合肥南—南京南	166	250	2008年	648
京津城际铁路	北京南—天津	119	350		
胶济客运专线	青岛—济南	363	250		
石太铁路	石家庄—太原	232	250	2009年	3 027
合武高铁	合肥—武汉	359	250		
达成铁路	达州—成都	146	200		
甬台温铁路	宁波—台州—温州	275	250		
温福铁路	温州—福州	298	250		
武广高铁	武汉—广州南	1 069	350		

(续表)

线路名称	起讫点	里程/km	设计速度/(km·h^{-1})	开通运营时间	累计里程/km
郑西高铁	郑州—西安	505	350	2010年	5 208
福厦铁路	福州—厦门	226	250		
成灌城际铁路	成都—青城山	68	200		
沪宁城际铁路	上海—南京	301	350		
昌九城际铁路	九江—南昌西	131	250		
沪杭城际铁路	上海—杭州	169	350		
宜万铁路	宜昌东—万州	377	250		
长吉城际铁路	长春—吉林	96	250		
海南东环铁路	海口—三亚	308	250		
京沪高铁	北京—上海	1 318	350	2011年	6 628
广深高铁	广州南—深圳北	102	350		
龙夏铁路	龙岩—厦门	171	200	2012年	9 517
汉宜铁路	武汉—宜昌	293	200		
郑武高铁	郑州东—武汉	536	350		
合蚌高铁	合肥—蚌埠	131	350		
哈大高铁	哈尔滨—大连	921	350		
京郑高铁	北京西—郑州东	693	350		
广珠城际铁路	广州南—珠海	144	200		
宁杭铁路	南京—杭州	249	350	2013年	12 979
杭甬铁路	杭州—宁波	150	350		
盘营铁路	盘锦—营口	90	350		
向莆铁路	向塘—莆田	632	200		
津秦高铁	天津—秦皇岛	257	350		
厦深高铁	厦门—深圳	502	250		
西宝高铁	西安—宝鸡	138	350		
渝利铁路	重庆—利川	264	200		
茂湛铁路	茂名—湛江	103	200		
柳南客运专线	柳州—南宁	227	200		
衡柳铁路	衡阳—柳州	498	200		
广西沿海高铁	南宁—钦州—北海	262	250		
武咸城际铁路	武汉—咸宁	90	250		

(续表)

线路名称	起讫点	里程/km	设计速度/(km·h⁻¹)	开通运营时间	累计里程/km
成灌铁路彭州支线	彭州—郫县西	21	200	2014年	18 548
武黄城际铁路	武汉—大冶北	97	250		
武冈城际铁路	葛店南—黄冈东	36	250		
大西高铁太原南至西安北段	太原南—西安北	570	250		
合肥铁路枢纽南环线	合肥东—长安集	40	200~250		
杭长高铁	杭州东—长沙南	933	350		
成绵乐客运专线	成都东—峨眉山	313	250		
兰新铁路第二双线	兰州西—乌鲁木齐	1 776	200~250		
贵广铁路	贵阳北—广州南	857	250		
南广铁路	南宁—广州南	577	250		
郑开城际铁路	郑州东—宋城路	50	200		
青荣城际铁路	青岛—荣成	299	250		
兰渝铁路重庆北至渭沱段(客线)	重庆北—渭沱	71	200	2015年	22 938
沪昆高铁新晃西至贵阳北段	新晃西—贵阳北	268	300		
郑焦铁路	郑州—焦作	78	250		
合福高铁	合肥南—福州	850	350		
哈齐高铁	哈尔滨—齐齐哈尔南	282	250		
沈丹高铁	沈阳南—丹东	208	250		
吉图珲高铁	吉林—珲春	361	250		
京津城际铁路延伸线	天津—于家堡	45	350		
宁安高铁	南京南—安庆	258	250		
南昆客运专线南百段	南宁—百色	223	250		
丹大快速铁路	丹东—大连	292	200		
成渝高铁	成都东—重庆	308	300~350		
金丽温铁路	金华—温州南	188	200		
赣瑞龙铁路	赣州—龙岩	273	200		
津保铁路	天津—保定	158	200~250		
牡绥铁路扩能改造工程	牡丹江—绥芬河	139	200		
海南西环高铁	海口—三亚	345	200		

(续表)

线路名称	起讫点	里程/km	设计速度/(km·h^{-1})	开通运营时间	累计里程/km
郑机城际铁路	郑州东—新郑机场	43	200	2016年	25 566
娄邵快速铁路	娄底—邵阳	93	200		
佛肇城际铁路	肇庆—佛山西	83	200		
莞惠城际铁路	望洪—小金口	100	200		
宁启铁路复线	林场—南通	268	200		
郑徐高铁	郑州东—徐州东	362	350		
渝万铁路	重庆北—万州北	247	250		
武孝城际铁路	汉口—孝感东	62	200~250		
长株潭城际铁路	长沙—湘潭	104	200		
兰渝铁路岷县至广元段	岷县—广元	293	200		
南昆客运专线百昆段	百色—昆明南	487	250		
沪昆高铁云南段	富源北—昆明南	529	350		
宝兰高铁	宝鸡—兰州	401	250	2017年	28 606
张呼高铁乌兰察布至呼和浩特东段	乌兰察布—呼和浩特东段	126	250		
武九客运专线	武汉—九江	224	250		
兰渝铁路	兰州—重庆	886	250		
西成高铁	西安北—成都东	658	250		
长株潭城际西线	开福寺—长沙西	22	200		
萧淮客运联络线	萧县—淮北	27	250		
九景衢铁路	九江—衢州	333	200		
莞惠城际铁路	常平东—道滘	44	200		
石济高铁	石家庄东—新济南东	319	250		
渝贵铁路	重庆西—贵阳北	347	200	2018年	32 795.9
江湛铁路	江门—湛江西	357	200		
广大铁路	广通北—大理	175	200		
广深港高铁香港段	九龙—深圳	26	200		
哈佳铁路	哈尔滨—佳木斯	344	200		
杭黄高铁	杭州东—黄山北	265	250		
哈牡高铁	哈尔滨—牡丹江	293	250		
青盐高铁	青岛北—盐城北	428	200		

（续表）

线路名称	起讫点	里程/km	设计速度/(km·h^{-1})	开通运营时间	累计里程/km
济青高铁	济南东—红岛	307.9	300	2018年	32 795.9
怀衡铁路	怀化南—衡阳东	318	250		
铜玉铁路	铜仁—玉屏	47	200		
川藏铁路成雅段	成都西—蒲江县朝阳湖	140	160～200		
京哈高铁承沈段	沈阳—承德	698	300		
新通高铁	新民北—通辽	197	250		
南龙铁路	南平北—龙岩	247	200		
黔常铁路	黔江—常德	336.3	200	2019年	36 305.7
连镇高铁连淮段	连云港—淮安	104.5	250		
日兰高铁日照至曲阜段	日照—曲阜	240	350		
郑渝高铁郑州至襄阳段	郑州—襄阳	389	350		
汉十高铁	武汉—十堰	399	200～350		
商合高铁	商丘—合肥	378	350		
郑阜高铁	郑州—阜阳	276	350		
昌赣高铁	南昌—赣州	418	350		
成贵高铁宜宾至贵阳段	宜宾—贵阳	372	250		
张呼高铁	张家口—呼和浩特	287	250		
张大高铁	张家口—大同	136	250		
京张高铁	北京—张家口	174	120～350		
合杭高铁合湖段	合肥—湖州	309	350	2020年	38 843.1
喀赤高铁	赤峰—喀左	157	250		
沪苏通铁路	上海—南通	163.8	200		
安六高铁	安顺—六盘水	124.4	250		
潍荣高铁潍坊至莱西段	潍坊—莱西	126	350		
连镇高铁淮安至镇江段	淮安—镇江	200	250		
郑太高铁	郑州—太原	432	250		
合安高铁	合肥—安庆	162.6	350		
西银高铁	西安—银川	618	250		
盐通高铁	盐城—南通	156.6	350		
福平铁路	福州—平潭	88	200		

(续表)

线路名称	起讫点	里程/km	设计速度/(km·h^{-1})	开通运营时间	累计里程/km
安九高铁	安庆—九江	176	350	2021年	40 979.7
日兰高铁曲阜至菏泽段	曲阜—菏泽	198.6	350		
沈佳高铁牡佳段	牡丹江—佳木斯	372	250		
沈佳高铁白敦段	长白山—敦化	99	250		
赣深高铁	赣州—深圳	434	350		
张吉怀高铁	张家界—怀化	245	350		
朝凌高铁	朝阳—凌海	107	350		
绵泸高铁内自泸段	内江—泸州	128	250		
徐连高铁	徐州—连云港	185	350		
京哈高铁京承段	北京—承德	192	350		
渝厦高铁	常德—长沙	157.5	350	2022年	43 474.3
合杭高铁湖州至桐庐段	湖州—桐庐	137.8	350		
京唐城际铁路	北京—唐山	150	350		
京滨城际铁路	北京—滨海	171.7	350		
弥蒙高铁	弥勒—蒙自	107	250		
郑渝高铁襄万段	襄阳—万州	434	350		
济莱高铁	济南—钢城	117	350		
昌景黄高铁	南昌—黄山	289.8	350		
阜黄高铁黄黄段	黄冈—黄梅	126.9	350		
中兰客运专线	中卫—兰州	218	250		
杭绍台高铁绍台段	绍兴—台州	266.9	350		
济郑高铁濮郑段	濮阳—郑州	197	350		
南凭高铁南崇段	南宁—崇左	121	250		
贵南高铁	贵阳—南宁	482	350	2023年	46 272.1
甬广高铁	福州—漳州；汕头南—汕尾；广州—汕尾	639	350		
沪宁沿江高铁	南京南—太仓	279	350		
潍荣高铁莱荣段	莱西—荣威	193	350		
济郑高铁济濮段	济南—濮阳	208	350		
龙龙高铁龙武段	龙岩—武平	92	250		
成自宜高铁	成都—宜宾	261	350		

(续表)

线路名称	起讫点	里程/km	设计速度/(km·h⁻¹)	开通运营时间	累计里程/km
津兴城际铁路	天津—大兴	100.8	250	2023年	46 272.1
杭昌高铁黄昌段	黄山—南昌	290	350		
防东铁路	防城港—东兴	47	200		
川青铁路青白江东至镇江关段	青白江东—镇江关	206	200		

由图3-2可见，2008—2023年，在高速铁路开通运营的15年里，2014年新增开通的高铁营业里程达5 569 km，位居第一。

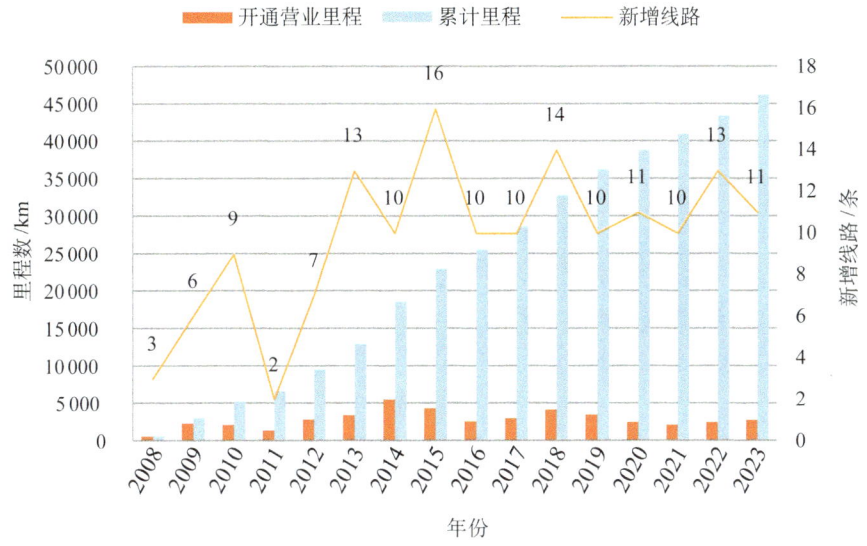

图3-2 高速铁路开通里程

如图3-3所示，对比2008—2023年高速铁路营业里程同比增长情况可以发现，2009年新开通线路同比增长率最大。因为2008—2009年是我国高铁的起步阶段，实现了从无到有的过程，所以2009年新开通运营线路比例较大。2014年12月26日，横贯东西的现代"钢铁丝绸之路"——兰新高铁全线开通运营。线路东起甘肃兰州，途经青海西宁，甘肃张掖、酒泉、嘉峪关，新疆哈密、吐鲁番，西至新疆乌鲁木齐，全长1 786 km，再次刷新了一次性建设里程的世界纪录。

2011年，我国高速铁路发展有所减缓，新开通运营线路里程以及同比增长率都较低。首先是该年年初原铁道部的重大人事变动，之后高铁降速的消息蔓延开来，其中一些观点误将高铁降速视为"7·23甬温线特别重大铁路交通事故"的直接影响，但实际上在该事故发生前，降速决策已经出台。2011年6月开通的京沪高铁，即以时速300 km运行。"7·23甬温线特别重大铁路交通事故"的发生，更是让高铁建设在持续两年的时间中陷入低谷阶段，多个项目进入停工状态。中华铁道网在2011年8月进行了一项抽样调查,结果显示,正常施工的项目仅有三成,处于停工、半停工和进展缓慢的项目占到七成。银行对于高铁项目贷款的热情也在不断下降。根据《高铁风云录》一书中的描述,在"7·23甬温线特别重大铁路交通事故"发生后,"银行进一步限贷,资金接近枯竭,大量线路停工,大批农民工被迫返乡"。停工导致的结果是,2011年度铁路投资罕见地未能完成年初制定的目标。按照原铁道部公布的数据,2011年铁路固定资产投资完成5 906亿元,与年初制定的8 500亿元的投资计划相去甚远。另外,年初制定的1.3万km高铁营业里程目标也未达到,直到2014年这一目标才最终完成。同时,也是到2014年,中国铁路固定资产投资才重回8 000亿元大关。2015—2023年,我国高速铁路持续发展,但是同比增长率保持稳定,因为高铁在这个时期严格按照国家《中长期铁路网规划》的任务目标,稳步推进高速铁路建设。

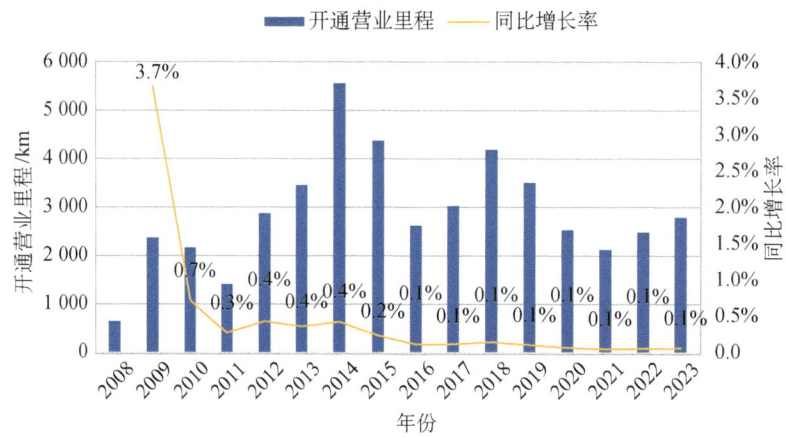

图3-3 高速铁路营业里程同比增长情况

截至2023年,我国各省份高速(快速)铁路通车里程(时速200 km及以上)统计结果如表3-2所列。

表3-2 我国各省高速(快速)铁路通车里程统计

地区	高速(快速)铁路通车里程(时速200 km及以上)/km
广东省	2 807
山东省	2 680
江苏省	2 495
安徽省	2 489
江西省	2 294
湖南省	2 291
福建省	2 245

(续表)

地区	高速(快速)铁路通车里程(时速200 km及以上)/km
广西壮族自治区	2 220
辽宁省	2 195
四川省	2 171
河南省	2 121
湖北省	2 056
浙江省	1 880
河北省	1 818
贵州省	1 786
甘肃省	1 661
黑龙江省	1 501
云南省	1 180
山西省	1 121
重庆市	1 080
陕西省	1 019
吉林省	855
新疆维吾尔自治区	719
海南省	653
内蒙古自治区	577
天津市	414
宁夏回族自治区	361
北京市	359
台湾省	332
青海省	268
上海市	131
香港特别行政区	26

从上述各省份高速(快速)铁路通车里程来看,东南沿海及京津冀地区的高速(快速)铁路通车里程较长。各省份的高铁建设与其经济发展水平并非完全吻合,其中最主要的原因是,中国的铁路建设长期以来并非由市场决定,而是在中国铁路总公司(原铁道部)的管理下发展起来的。作为国家的权力部门,中国铁路总公司在规划铁路线路时需要权衡的因素非常多,并不

能仅仅因为哪儿有钱就优先在哪里建。相反,本着"要想富先修路"的原则,可以非常明显地感受到在不影响经济规律的前提下,中国铁路总公司在规划线路时总是尽可能地向经济欠发达地区倾斜(甘肃、安徽、湖南、江西、山西、贵州等省份都属于这种情况)。

3.3.3 高铁建筑业发展研究

1. 高铁建筑业概况

高铁的建设阶段/步骤如下:基建→铺轨→车辆制造→电气化配置→运营与维护。从建设周期来看,最先受益的是基础设施建设,包括桥梁隧道建设所涉及的工程机械、水泥、建筑材料等;其次是轨道铺设所涉及的钢铁、轨道生产加工、机床设备,还有运营前期的车辆和配套设施采购,其中包括机车及车厢的生产、电气化信息信号设备以及计算机控制系统;最终受益的是运营养护环节中的动车组零部件、养护耗材和车站运营,且该阶段的获益是持续性的。

根据中国铁路总公司对高铁总投资的各项构成所进行的测算,其中基建部分占40%~60%(包含桥梁、隧道和车站建设以及铺轨等),动车采购占10%~15%(包括整车、车轴、紧固件、控制器件等零部件),其余部分的占比为25%~40%(包括通信、信号及信息工程、电力及电力牵引供电等)。

高铁基础设施(高铁建筑业),包括高铁桥梁隧道建设、轨道铺设、车站建设和供电系统建设。

高速铁路新线的建造成本主要包括:①设计与土地费用(包含技术经济可行性研究、技术设计、土地征用等费用),通常占项目总投资额的5%~10%;②基础设施建设费用,包括地形准备和平台建设相关的所有费用,这些费用因地形特点的不同数额差别很大,通常占项目总投资额的10%~25%,在遇到特别困难的地理障碍时,需要建设高架道路、桥梁或隧道,此时的基础设施建设费用很可能翻倍,其在项目总投资额中的占比达到40%~50%;③上层建筑成本,包括铁路的特定元素,如导轨、沿线旁轨、信号系统、接触网及电气化机制、通信和安全设施等,通常占项目总投资额的5%~10%[27]。

工务工程是高速铁路建设的第一步,主要内容包括无砟轨道、路基工程、桥梁工程和环保工程等。在施工方面,上海隧道工程股份有限公司、中国铁建股份有限公司、中国中铁股份有限公司和中铁二局集团有限公司是主要的工务工程参与企业。这些企业引进了德国的旭普林、弗莱德尔、博格及日本的板式轨道无砟轨道技术,掌握了软土地基处理及路基、桩基沉降控制等技术,并参与制定主要梁型和预应力混凝土箱梁等的相关技术规范。

在扣件方面,浙江晋亿实业股份有限公司是目前国内最大的紧固件生产和出口企业,也是国内唯一能够同时供应时速250 km和350 km全套高铁扣件产品的企业。该公司获得了德国RST公司所转让的无砟轨道扣件的生产技术。同时,该公司占据了铁道部采购高铁扣件招标份额的24%~25%,仅次于占有30%招标份额的德国福斯罗。

在弹性元件和减振降噪方面,株洲时代新材料科技股份有限公司(以下简称时代新材)提供的产品较为全面,主要涵盖轨道减振器、水泥沥青砂浆、塑料扣件和弹性铁垫板等。时代新材在高分子复合材料领域具有研发技术优势,其开发出的一系列弹性元件产品被广泛应用于铁路机车、客车和货车上[28]。

高铁基础设施环节受益较大的企业及所属行业如表 3-3 所列[28]。

表 3-3 高铁基础设施环节受益较大的企业及所属行业

股票简称	股票代码	涉及的具体业务	简介	行业
中国中铁	601390	铁路铺轨工程	2007 年上海 A 股上市,北京	土木工程建筑业
中国铁建	601186	轨道系列化产品生产制造	2008 年上海 A 股上市,北京	土木工程建筑业
中铁二局	600528	地下工程、轨道施工	2001 年上海 A 股上市,四川成都	土木工程建筑业
华东数控	002248	轨道板机床	2008 年中小企业板上市,山东威海	普通机械制造业
隧道股份	600820	高铁隧道施工	1994 年上海 A 股上市,上海	铁路、公路、隧道、桥梁建筑业
奥克股份	300082	高铁聚羧酸减水剂	2010 年创业板上市,辽宁省辽阳市	专用化学产品制造业
宝利沥青（宝利国际）	300135	高铁沥青	2010 年创业板上市,江苏省江阴市	化学原料及化学制品制造业
东方雨虹	002273	防水卷材、防水涂料	2008 年中小企业板上市,北京	非金属矿物制品业
晋亿实业	601002	紧固件、扣件	2007 年上海 A 股上市,浙江嘉兴	其他通用零部件制造业
中鼎股份	000887	减振橡胶	1998 年深圳 A 股上市,安徽宣城	橡胶零件制造业
时代新材	600458	减振降噪、弹性元件	2002 年上海 A 股上市,湖南株洲	橡胶制造业
回天胶业（回天新材）	300041	高铁胶黏剂	2010 年创业板上市,湖北襄阳	专用化学产品制造业
新筑股份	002480	桥梁支座、橡胶支架	2010 年中小板上市,四川成都	普通机械制造业

注:第一列股票简称中括号内的是改名后的简称。

从 2006 年至今,中国铁路招标了京郑、郑武、武广、广深、郑西、哈大、京沪、渝利、成绵俄、杭甬、贵广、南广、大西、沪昆、兰渝、厦深、杭宁、南杭、合蚌、哈齐、石武、合福、云桂和吉珲等客运专线项目和以京津城际铁路为代表的高速铁路工程总承包和勘察设计项目。中国铁建股份有限公司、中国中铁股份有限公司和中国交通建设股份有限公司在高速铁路工程建设领域发展迅速,是从事中国高铁建设施工和勘察设计的主要企业[29]。

2. 高铁建筑业主要企业——中国铁建股份有限公司

1) 公司概况

中国铁建股份有限公司(以下简称中国铁建)是中国乃至全球最具实力、最具规模的特大型综合建设集团之一,在2023年《财富》"世界500强企业"中排名第43位。

公司业务涵盖工程承包、勘察设计咨询、房地产、投资服务、装备制造、物资物流、金融服务及新兴产业。经营范围遍及包括台湾省在内的全国32个省、自治区、直辖市和香港、澳门特别行政区及世界126个国家或地区。中国铁建已经从以施工承包为主发展成为具有科研、规划、勘察、设计、施工、监理、维护、运营和投融资的完整行业产业链的企业,具备为业主提供一站式综合服务的能力,在高原铁路、高速铁路、高速公路、桥梁、隧道和城市轨道交通工程设计及建设领域确立了行业领先地位。

中国铁建是中国规模较大的铁路建设集团之一,参与建设了中国几乎所有的大型铁路建设项目。截至2022年底,中国铁建设计、建设了我国50%以上的高速铁路和普速铁路、40%以上的城市轨道交通、约30%的高等级以上公路,制定了中国高速铁路50%以上的建设标准,承建了1 000多项海外工程,多次刷新了中国对外工程承包单笔合同额纪录,赢得了较高的企业信誉,打造了CRCC和CCECC两个国际知名品牌。在全球知名品牌估值及咨询机构BrandFinance发布的《2022年全球品牌价值500强报告》中,中国铁建排名第96位。

针对我国原有铁路网及运输技术难以满足经济快速发展要求的现状,结合京沪高速铁路的研究,中国铁建的研究机构通过学习和咨询国外先进的设计和施工经验,从20世纪90年代就开展了针对客运专线的学术研究;通过秦沈客运专线的建设试验,建立了适合我国铁路建设实际的标准体系和设计技术;通过对哈大客运专线和郑西客运专线的科学试验研究,形成了在高纬度、寒冷地区以及湿陷性黄土地区修建客运专线的技术,为建设我国的客运专线打下了良好的技术基础。中国铁建在高速、高原、高寒铁路,高速公路,城市轨道交通工程设计及建设领域确立了行业领先地位;拥有的地下水下工程建设、磁浮工程建设、四电系统集成等技术达到行业领先水平;研制的铁路运营线快速换梁装备"换运架一体机"成功中标换梁任务;参与的北斗铁路行业综合应用示范工程通过验收。另外,国际标准化组织铁路应用技术委员会(ISO/TC 269)通过了中国铁建主导的ISO国际标准《ATO引入干线铁路运营规则制定导则》提案,诠释了"中国建造""中国标准"。2022年,中国铁建多项科技创新成果获国家级、省部级表彰,一批科研成果还实现了产业化应用。例如,中国铁建自主研制的全球最大竖井掘进机"梦想号"入选2022年度央企十大国之重器。中国铁建新获詹天佑奖13项,单届获奖数创历史新高;首获日内瓦国际发明金奖1项;新获中国专利银奖、优秀奖等7项。此外,中国铁建还实现了一次性铺设跨区间无缝线路技术的突破。

2) 公司运营状况

多年来,中国铁建的铁路工程签约额始终保持在一个较高的水平。2008—2022年中国铁建的铁路工程签约额和高铁通车里程情况如图3-4所示。同时期内中国铁建的营业收入增长情况如图3-5所示。

图 3-4 2008—2022 年中国铁建发展情况

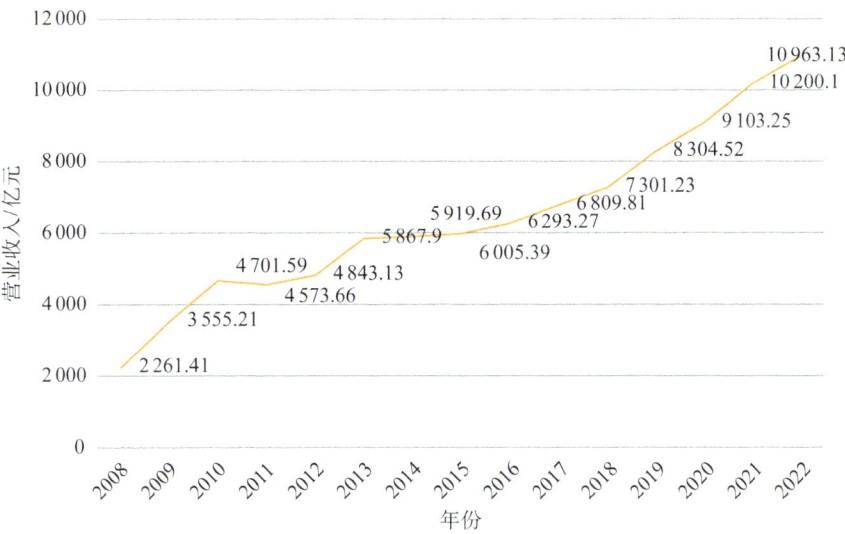

图 3-5 2008—2022 年中国铁建的营业收入增长情况

通过 SPSS 软件对"营业收入"与"高铁通车里程"的相关性进行分析，结果如表 3-4 所列。

表 3-4 "营业收入"与"高铁通车里程"相关性分析

		营业收入	高铁通车里程
营业收入	皮尔逊相关性	1	0.705*
	显著性（双侧）		0.015
	平方和与叉积	21 844 289.193	14 420 843.885
	协方差	2 184 428.919	1 442 084.388
	个案数	11	11

(续表)

		营业收入	高铁通车里程
高铁通车里程	皮尔逊相关性	0.705*	1
	显著性(双侧)	0.015	
	平方和与叉积	14 420 843.885	19 141 920.727
	协方差	1 442 084.388	1 914 192.073
	个案数	11	11

注: * 表示在 0.05 置信水平(双侧)上显著相关。

从表 3-4 可知,"营业收入"与"高铁通车里程"在 0.05 置信水平上显著相关。因此,可以通过高铁通车里程的发展趋势来预估营业收入的发展趋势。

3.3.4 动车制造业发展研究

1. 中国高铁动车组概况

在高铁里程不断攀升的同时,我国铁路装备也发展迅速。我国高速铁路均使用动车组作为客运列车,以 CRH 系列车型为主,并逐渐推广普及 CR 系列车型(中国标准动车组又称"复兴号"动车组)。

2007 年,中国铁路第六次大提速上线运行的动车组名为"和谐号"。CRH 动车组系列,"CRH"是中国铁路高速(China Railway High-speed)英文首字母的缩写,意为"中国铁路高速列车",有 CRH1~CRH5 多种型号。这些型号是分别从日本、德国、法国等国引进先进技术,并消化吸收及国产化,最终成为具有中国自主知识产权的动车组产品系列。"和谐号"动车组主要车型包括 CRH1、CRH2、CRH3、CRH5、CRH6 和 CRH380。

(1) CRH1 型动车组由中国南车集团青岛四方机车车辆股份有限公司与加拿大庞巴迪公司合资建立的青岛四方庞巴迪铁路运输设备有限公司生产。

(2) CRH2 型动车组是中国向日本川崎重工及中国南车集团青岛四方机车车辆股份有限公司订购的 CRH 系列高速动车组,是继中国台湾高铁的 700T 型电联车后,第二款从国外进口的新干线列车。CRH2 型动车组是由日本新干线 E2-1000 系发展而来的。

(3) CRH3 型动车组由中国北车股份有限公司负责生产,是基于中国国情和运行条件下的"中国创造",不仅其核心部件和制造技术自主化,还充分考虑了中国复杂的地理气候条件和运营环境,根据各地区地域特点量身打造。相较于此前国内运行的这一速度等级的动车组,CRH3 型动车组有较强的成本及售后维护优势。

(4) CRH5 型动车组。2004 年 8 月,铁道部开展了用于中国铁路第六次大提速、时速 200 km 级别的第一轮高速动车组技术引进招标。阿尔斯通是中标厂商之一,获得了 60 组高速列车的订单。2004 年 10 月 10 日,铁道部和阿尔斯通正式签订总值 6.2 亿欧元的合同。根据合同,阿尔斯通会将 7 项高速列车关键技术转让给中国;有 3 组列车会在阿尔斯通位于意大利的工厂组装,并完整交付与中国;另有 6 组以散件形式付运,由中方负责组装;其余 51 组通过法国的技术转让,由中车长春轨道客车股份有限公司在国内生产。这批高速列车随后正式定型为CRH5A,该车型是CRH5系列中的唯一车型。CRH5A是由阿尔斯通"New Pendolino"系列发展而来的。

(5) CRH6型电力动车组由中国南车集团青岛四方股份公司研发设计,于2012年在青岛下线。CRH6型电力动车组是为满足我国区域经济快速发展和城市群崛起对城际轨道交通的需求而研制的一种新型运输工具,作为高速铁路和城市轨道交通的纽带,具有运能大、起停速度快、乘降方便快速、疏通迅捷有效、乘坐舒适、安全可靠、节能环保等优点。城际铁路的推广普及对形成我国轨道交通层次架构、改变国人出行方式、提高旅客周转效率具有重大意义。

(6) CRH380系列。CRH380A型电力动车组是2010年由中国南车集团青岛四方机车车辆股份有限公司自主研发的CRH系列高速电力动车组,也是"中国高速列车自主创新联合行动计划"的重点项目,是中国标准动车组问世前世界上商业运营速度最快、科技含量最高、系统匹配最优的动车组,其持续时速350 km、最高时速380 km及以上。后期衍生车型有CRH380AL、CRH380B、CRH380C和CRH380D等。CRH380系列是研制中国标准动车组("复兴号"CR400系列)的基础。

中国标准动车组是指形成中国标准体系的动车组,其功能标准和配套轨道的施工标准都高于欧洲标准和日本标准,具有鲜明而全面的中国特征。旧型的CRH是引进提高,混合了欧洲标准和日本标准,又在中国环境下产生了一些中国特征。而中国自主研制的新型CRH增加了兼容性、不脱轨等功能,因此形成了鲜明的中国特征,故冠名"中国标准",它比动车组技术上的欧洲标准和日本标准更高,代表了目前世界动车组技术的最高标准。2017年,中国标准动车组正式命名为"复兴号",是由中国铁路总公司牵头组织研制、具有完全自主知识产权、达到世界先进水平的动车组列车,其英文代号为CR,列车水平高于CRH系列,三个级别分别为CR400、CR300、CR200,其中数字表示最高时速。"复兴号"CR400系列是上档时速400 km、标准时速350 km。在时速350 km情况下,"复兴号"与"和谐号"CRH380相比,总能耗下降了10%。"复兴号"从时速300 km提高到时速350 km,能耗增加20%~30%。因为京沪高铁客流量占中国高铁客流量的1/6以上,且沿线经济能力强、需求大,所以中国铁路总公司将京沪高铁逐步恢复时速350 km,其他线路则视条件而定。自2018年7月1日起,全国铁路开始实行新的列车运行图,16辆长编组"复兴号"动车组列车首次投入运营。2018年8月1日,京津城际铁路上运行的动车组列车已全部更换为"复兴号"动车组列车。

如图3-6所示为2011—2023年我国动车组和动车数量的统计结果。截至2023年底,我国拥有高铁动车组4427标准组。未来随着里程和密度的同步提升,高铁动车组保有量将继续增加。

由图3-6可知,动车组数量和动车数量的增幅均较大,动车组数量从2011年的652标准组增至2023年的4427标准组,年复合增长率达17.3%;动车数量从2011年的6 792辆增至2023年的35 416辆,年复合增长率达14.75%,是我国铁路轨道交通领域重要的后备扩充力量。动车组及动车车辆作为我国铁路行业重要的增长原动力,它们的年新增量呈现出逐年上涨趋势。2011—2023年,平均每年新增动车组315标准组、新增动车车辆2 385辆。为促进我

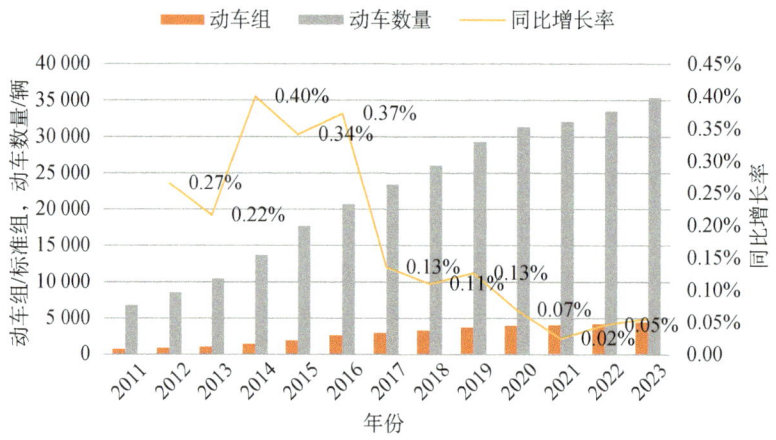

图 3-6　2011—2023 年我国动车组和动车数量统计

国铁路行业中长期健康快速发展,国务院于 2016 年发布了《中长期铁路网规划》,其中明确提出:到 2020 年,铁路网规模达到 15 万 km,其中高速铁路 3 万 km,覆盖 80% 以上的大城市,为完成"十三五"规划任务、实现全面建成小康社会目标提供有力支撑。到 2035 年,中国将建成现代化铁路网,全国铁路网将达到 20 万 km 左右,其中高铁 7 万 km 左右。这意味着中国高铁网络将进一步扩大,覆盖更广泛的地区,为更多民众提供便捷、高效的出行服务。上述量化目标不仅极大地推动了我国铁路建设快速发展,而且有利于拉动我国铁路行业的投资力度。

2009—2023 年我国动车组招标数量如图 3-7 所示。其中,2009 年动车组招标数量最多,2010—2012 年为低谷期,自 2013 年动车组招标重启后,于 2015 年再次迎来一个小高峰,中国铁路总公司启动最大规模动车组招标,2015 年两次招标总数高达 467 标准组,招标总价近 800 亿元。然而,2016 年又一次遭遇机车车辆招标低谷,动车组招标数量同比大幅下滑,仅为 70 标准组。2017 年 11 月 3 日,中国铁路总公司启动年内第二次标准动车组招标,招标数量为 75 标准组。同时,中国铁路总公司公告招标 146 套 CTCS-3 级车载列车运行控制系统(简称列控系统),结合之前招标的 204 套车载列控系统,对应标准动车组为 175 标准组。

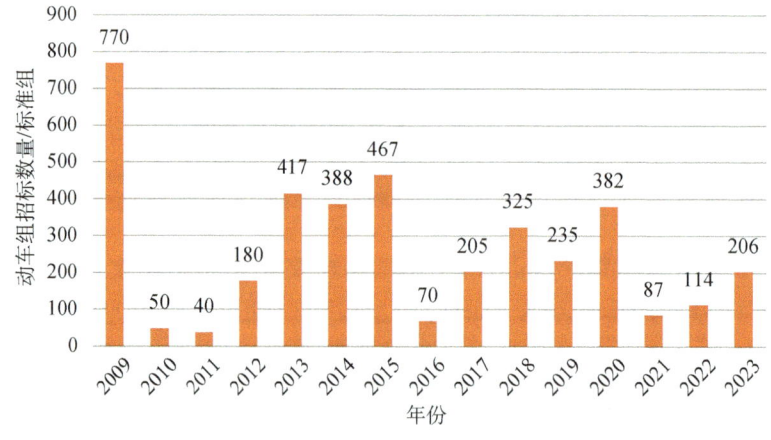

图 3-7　2009—2023 年我国动车组招标数量

2. 我国高速动车组制造业主要企业——中国中车集团有限公司

1) 公司概况

中国中车集团有限公司(以下简称中国中车,China Railway Rolling Stock Corporation,英文简称"CRRC")是由国务院国有资产监督管理委员会直接管理的中央企业。经中国证监会核准,2015年6月8日,中国中车在上海证券交易所和香港联交所上市。

中国中车是全球规模领先、品种齐全、技术一流的轨道交通装备供应商。主要经营:铁路机车车辆、动车组、城市轨道交通车辆、工程机械、各类机电设备、电子设备及零部件、电子电器及环保设备产品的研发、设计、制造、修理、销售、租赁与技术服务;信息咨询;实业投资与管理;资产管理;进出口业务。

中国中车坚持自主创新、开放创新和协同创新,持续完善技术创新体系,不断提升技术创新能力,建设了世界领先的轨道交通装备产品技术平台和制造基地,以高速动车组、大功率机车、铁路货车、城市轨道车辆为代表的系列产品,已经全面达到世界先进水平,能够适应各种复杂的地理环境,满足多样化的市场需求。中国中车制造的高速动车组系列产品,已经成为中国向世界展示发展成就的重要名片。产品现已出口全球六大洲近百个国家和地区,并逐步从产品出口向技术输出、资本输出和全球化经营转变。

面向未来,中国中车将以融合全球、超越期待为己任,紧紧抓住"一带一路"倡议和全球轨道交通装备产业大发展等战略机遇,大力实施国际化、多元化、协同化发展战略,全面推进以"转型升级、跨国经营"为主要特征的全球化战略,努力做"中国制造2025"和"互联网+"的创新排头兵,努力把中国中车建设成为以轨道交通装备为核心、跨国经营、全球领先的高端装备系统解决方案供应商。

中国中车的发展历史如图3-8所示。

2) 中国中车的企业发展现状

自2009年以来,中国高铁飞速发展,动车制造企业也随之发展。2015年,中国中车继承了中国北车股份有限公司、中国南车股份有限公司的全部业务和资产,成为全国规模最大的高铁动车组供应商。之后,中国中车主动适应经济发展新常态,加快各项业务融合,释放重组整合效应,成功应对一系列困难和挑战,经营业绩稳定增长,并成功研制时速350 km的中国标准动车组,一系列关键核心技术也取得了突破。图3-9为2015—2022年中国中车动车制造业发展情况。

通过SPSS软件分别对"高铁通车里程"与"动车组收入"以及"动车组收入"与"铁路固定资产投资"的相关性进行分析,结果如表3-5、表3-6所列。

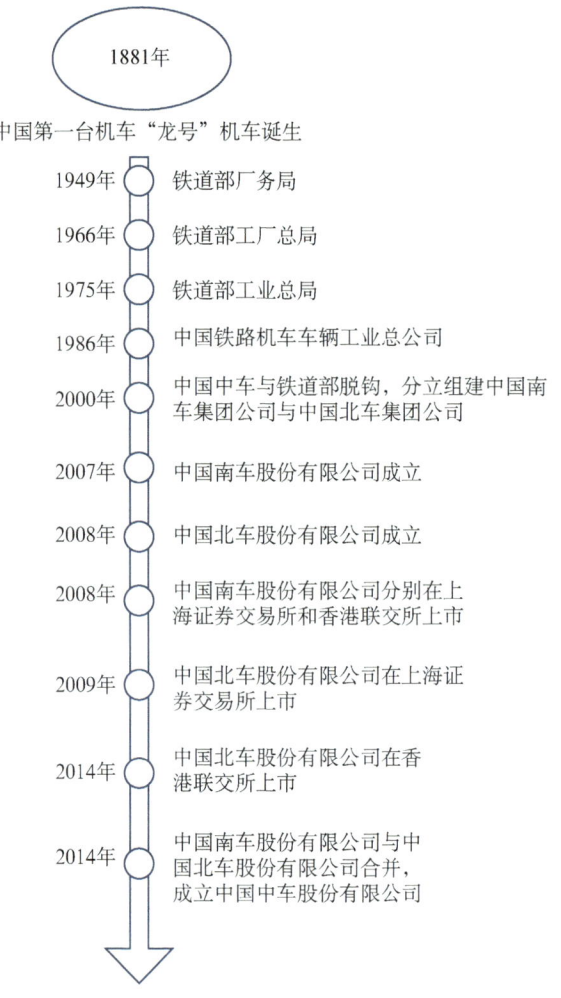

图 3-8 中国中车的发展历史

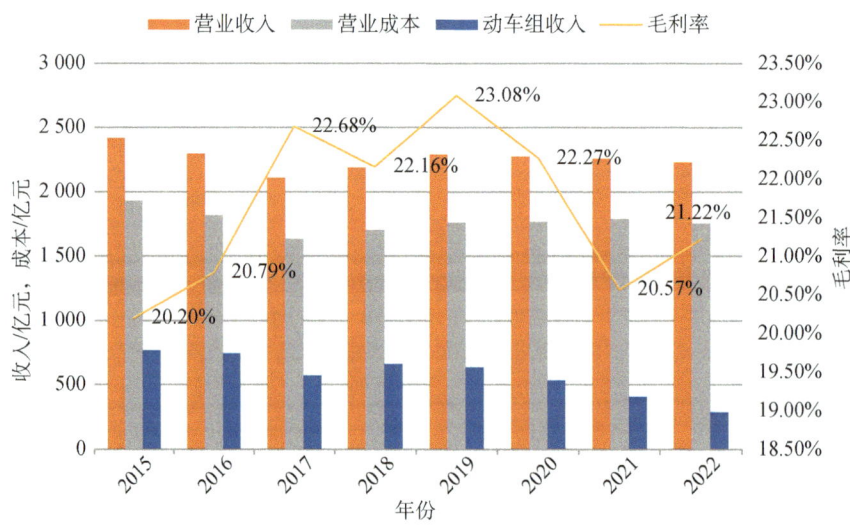

图 3-9 2015—2022 年中国中车动车制造业发展情况

表 3-5 "高铁通车里程"与"动车组收入"相关性分析

		高铁通车里程	动车组收入
高铁通车里程	皮尔逊相关性	1	0.830**
	显著性(双侧)		0.003
动车组收入	皮尔逊相关性	0.830**	1
	显著性(双侧)	0.003	

注:** 表示在 0.01 置信水平(双侧)上显著相关。

表 3-6 "动车组收入"与"铁路固定资产投资"相关性分析

		动车组收入	铁路固定资产投资
动车组收入	皮尔逊相关性	1	0.468
	显著性(双侧)		0.173
铁路固定资产投资	皮尔逊相关性	0.468	1
	显著性(双侧)	0.173	

从表 3-5 可知,"高铁通车里程"与"动车组收入"在 0.01 置信水平上显著相关。从表 3-6 可知"动车组收入"与"铁路固定资产投资"不显著相关。因此,可以通过高铁通车里程的发展趋势来预估动车组收入的发展趋势。

3.3.5 信息与通信业发展研究

1. 高速铁路通信信号系统

高速铁路的服务宗旨是"安全、正点、快速、舒适"。其中,速度虽尤为重要,但并非唯一追求。为了实现服务宗旨,高速铁路的发展需要构建全新的运输模式,特别是在"安全、正点、舒适"方面下功夫。高速铁路通信信号系统作为确保列车运行安全、提升运输效率的核心技术装备,对于全面实现这一服务宗旨具有至关重要的意义。

随着铁路技术的百年发展,以及继电器、半导体和电子信息技术的不断革新,铁路信号技术也在不断发展。随着列车运行速度的不断攀升,高速铁路对先进的信号系统的需求日益增长,这使得列控系统、超速防控系统和综合调度系统等成为高速铁路不可或缺的关键信号系统。这些系统共同保障了列车运行的安全、高效和准确性。

与普速铁路相比,高速铁路在信号系统方面的发展体现在以下三个方面:

(1) 高速铁路采用了综合调度系统,该系统对列车运营指挥实行集中控制方式,从而确保列车能够高效、有序地运行。

(2) 高速铁路取消了传统的地面信号机,采用列控系统。这一系统能够实时监控列车的运行状态,确保列车在高速行驶过程中的安全性。

(3) 高速铁路的信号系统还采用了计算机网络传输和交换技术,用于传输与行车、旅客服务相关的各种信息,实现了信息的快速传递和共享。

高速铁路的信号系统主要由综合调度系统、列控系统、计算机联锁系统等几个部分组成,这些部分之间通过具有保护功能的广域网连接,以进行信息的传输和交换。相较于传统铁路,高速铁路的信号系统更先进且高效,因此传统的话音、信号凭证等指挥方式已不再适用于高速铁路。

1) 高速铁路综合调度系统

世界各国的高速铁路行车调度系统大致可归为两类。一类是集多种业务组织和管理功能于一体的综合调度系统。全线建设一个行车指挥中心用于设置综合调度系统。该类行车调度系统适用于列车在本线到发的高速客运专线。另一类则是根据区域划分设置行车调度中心。这种方式适用于列车类型多样,且与既有线的行车组织和管理关系密切的线路。

在我国,多数在建的高速铁路是与既有线平行修建的高速铁路客运专线(简称高速线)。高速线建成后,将采用本线旅客列车和跨线旅客列车共线运行的客运专线运输组织模式,既有线则主要服务于货物运输。因此,设置综合调度指挥中心是确保高速列车顺畅运营的基本需求。同时,由于中速列车需要跨越高速线与既有线运行,调度系统还需解决跨线运行列车调度指挥的衔接问题。

随着计算机、通信和远程控制技术的飞速发展,综合调度系统技术已由传统的集中控制模式演进为网络化、智能化的集中管理、分散控制模式。综合调度系统涵盖了运输管理系统、运行调度系统、牵引供电调度系统、动车组调度管理系统、基础设施调度管理系统、客运调度系统和安全监督系统等多个子系统。

近年来,随着高速铁路技术在全球铁路网中的普及和推广,高速线与既有线之间开行跨线运行列车已成为日本和欧洲普遍的发展趋势。在跨线运输中,由于高速线与既有线的行车组织和管理关系密切,列车运行秩序容易受到引入线、相邻既有线列车运行不正常情况的影响,因此,对综合调度系统的要求也越来越高。[29]

2) 高速铁路列车运行控制系统

参照欧洲列车运行控制系统(European Train Control System,ETCS)规范,结合我国铁路运输特点,考虑未来发展,遵循全路统一规划的原则,铁道部制定了中国列车运行控制系统(China Train Control System,CTCS)技术标准。CTCS 根据功能要求和设备配置划分为 0~4 共 5 个应用等级,如图 3-10 所示。

通常,列车运行控制系统装备等级根据线路允许速度选用。160 km/h 及以下客货共线铁路采用 CTCS-0 级或 CTCS-1 级列控系统,200 km/h 客货共线铁路采用 CTCS-2 级列控系统,250 km/h 高速铁路优先采用 CTCS-3 级列控系统,300 km/h 及以上高速铁路采用 CTCS-3 级列控系统作为统一技术平台。同条线路上可以实现多种应用级别,并且 CTCS-2、CTCS-3 和 CTCS-4 级列控系统均可向下兼容。

随着列车运行速度的大幅提升,传统地面信号机显示作为指挥列车的凭证已不再适用。因此,在列车高速运行的情况下,必须将列控系统车载设备的输出作为指挥高速列车司机安全运行的凭证,以确保高速列车的安全运行。列控系统直接负责控制列车的运行,它主要由车载设备和地面设备两大部分组成。只有当地面设备与车载设备协同工作时,才能实现列车运行控制功能。列车控制系统示意如图 3-11 所示。

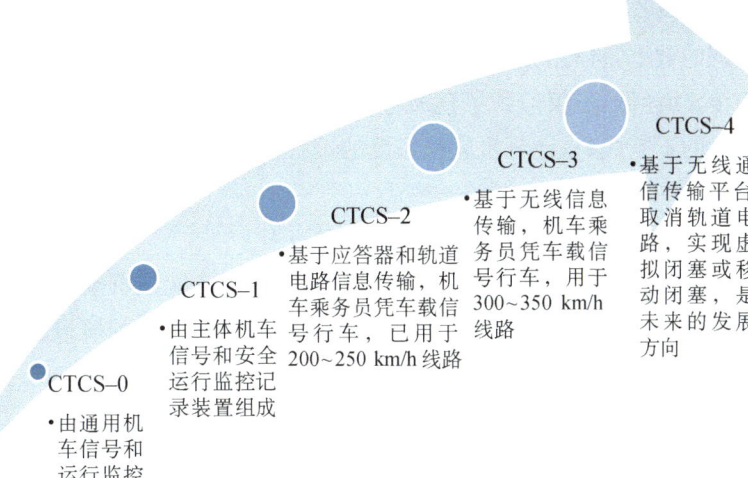

图 3-10 列车运行控制系统等级划分

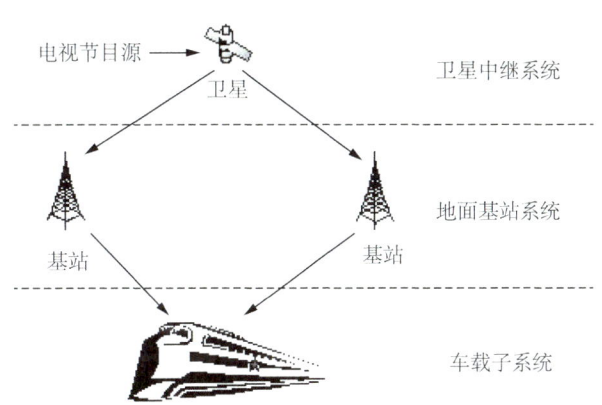

图 3-11 列车控制系统示意

3)计算机联锁系统

联锁系统是铁路信号系统中不可或缺的一环,其核心功能是确保车站进路的安全控制,以及列车运行和作业的整体安全。随着列车速度的持续提升和现代科技的飞速发展,尤其是微电子技术和计算机科学的迅猛进步,计算机联锁系统正逐步取代继电联锁,成为铁路信号发展的必然趋势。

相较于继电联锁系统,计算机联锁系统展现出了显著的优越性:

(1)功能更加完善,能够满足复杂多变的铁路信号控制需求。

(2)信息处理能力强大,能够利用现代网络技术与行车调度指挥系统、列控系统等实现信息交换，以促进整个信号系统的协同工作。

（3）易于实现自诊断和自检测功能，并可通过联网实现远程诊断，从而极大地提升了信号设备维修管理的效率，且有利于推动维修体制的改革。

（4）体积小、功耗低，不仅节约了信号室的空间，还降低了能耗和投资成本。随着大规模集成电路技术的不断成熟，计算机联锁系统的设备成本将进一步降低，相较于继电联锁系统将更具竞争力。[29]

2. 主要企业——中国铁路通信信号股份有限公司

中国铁路通信信号股份有限公司（简称中国通号）是国务院国资委直接监管的大型中央企业，是以轨道交通控制技术为特色的高科技产业集团，全球最大的轨道交通控制系统提供商。中国通号拥有集轨道交通控制系统设计研发、设备制造及工程服务于一体的完整产业链，是中国轨道交通控制系统设备制式、技术标准及产品标准的归口单位。近年来，中国通号连续四年获得中央企业经营业绩考核A级，2015年成功登陆香港联合交易所，现有14家重要二级企业，员工2万余人。

中国通号是保障国家轨道交通安全运营的核心企业，是我国高铁列控系统技术民族产业的代表者，是我国高铁以最核心技术引领全球铁路行业进步的佼佼者。中国通号世界领先的列控技术为我国15.9万km铁路、4.5万km高铁提供安全保障。同时，中国通号建立完善了3万多个高铁测试案例，超过国外跨国企业的总和，形成了我国高铁建设运营的突出优势和世界轨道交通行业的宝贵财富。近年来，中国通号成功研发时速200 km和时速350 km的高铁自动驾驶技术，标志着我国高铁列车运行控制系统技术已经走在世界前列。

高铁列控系统是高铁的"大脑和中枢神经"，是中国高铁三大核心技术之一。中国通号坚持引进消化吸收再创新的技术路径，加快自主创新，实现了我国高铁、地铁全套列车控制系统技术的完全自主化和产品的100%国产化，完成了高铁CTCS-3级列控系统、地铁CBTC①列控系统、城际铁路C2+ATO②列控系统、电务智能运维系统和货运编组站CIPS③综合自动化系统等轨道交通核心自主技术的重大突破，将轨道交通核心技术牢牢掌握在自己手里，从根本上保障了国家铁路建设和运输安全，为"一带一路"建设和高铁"走出去"提供核心技术支撑。

作为中国高铁建设的国家队和主力军，中国通号先后参与了京津城际、京沪高铁、武广高铁、哈大高铁、兰新高铁等国内全部重大高铁项目建设。在时速300 km以上高铁中，中国通号的核心设备市场占有率超过93%。中国通号肩负自主创新使命，将成熟的高铁控制系统技术应用于城市轨道交通领域，先后参与北京、上海、广州、深圳、天津、南京、武汉等20多个城市的100余条地铁项目，市场占有率达到65%以上。作为中国高铁"走出去"联盟中的重要一员，中国通号广泛参与印尼雅万高铁、中泰铁路、匈塞铁路、莫斯科-喀山高铁等10多个国家和地区的高铁项目并取得了积极进展，向世界展示了"中国高铁"靓丽的国家名片。

---

① CBTC：Communication Based Train Control System，基于通信的列车自动控制系统。
② C2+ATO：CTCS-2+ATO列车运行控制系统的简称。
③ CIPS：Computer Integrated Process System，编组站综合集成自动化系统。

中国铁路通信信号股份有限公司发展历程如图 3-12 所示。

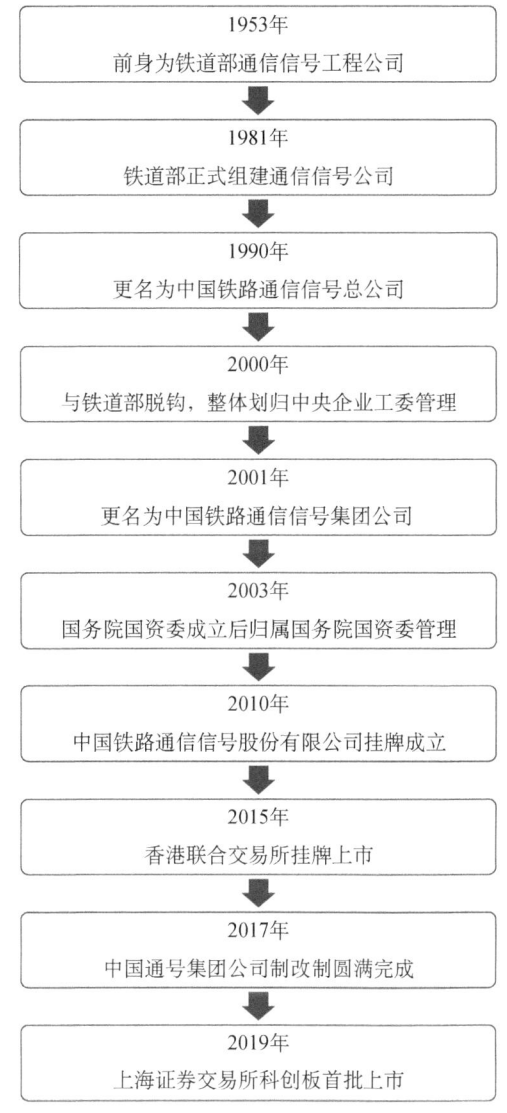

图 3-12　中国铁路通信信号股份有限公司发展历程

中国铁路通信信号股份有限公司负责高速铁路列车控制系统技术的研发,掌握着中国高铁的"神经中枢",是中国高速铁路轨道交通通信信号系统集成、研发设计、设备制造最主要的供应商,体现了通信信号制造业的产业特征。2011 年"7·23 甬温线特别重大铁路交通事故"的主要原因之一是列车控制中心设备存在严重的设计缺陷。中国通号的经营业绩也因此受到影响。但毋庸置疑,近年来高速铁路建设拉动了中国通号营业收入的增长,其中高速铁路收入对销售收入的直接与间接贡献率约为 70%。2010 年,高速铁路的市场收入已相当于中国通号 2009 年的全年营业收入,是 2006 年公司销售收入的 2 倍以上。在产业技术升级方面,中国通号也以高速铁路交通通信信号设备提供商的身份,参与高铁通号设备和系统集成的研究开发,在高铁通信信号系统集成和列车控制技术领域取得了多项技术突破与升级。比如,在系统掌握了满足时速 250 km 的 CTCS-2 级列车运行控制技术,并成功应用于既有线第六次大面积提速和新建时速 250 km 高速铁路之后,开展了时速 350 km 的 CTCS-3 级列车运行控制技术的研制,使得对高速列车运行速度、运行间隔等实时监控和超速防护成为可能,实现以目标距离连续速度控制模式、设备制动优先的方式监控列车安全运行,满足了列车跨线运营要求。武广、郑西等高速铁路应用列控技术后,最小追踪间隔时间缩短到 3 min 以内,技术创新产生了价值效应。

3.3.6 高铁运营与维护业发展研究

1. 高速铁路运营与维护业概况

中国高速铁路庞大的营业里程加之国内气候、地形的多样性,使得中国铁路的运营维护已成为具备全球竞争优势的大产业。《铁路"十三五"发展规划》中明确了恪守红线安全发展的基本原则和安全监控自动化的发展目标,其中涉及铁路安全的重点任务如下:

(1) 技术装备:强化监控检测保障能力,健全完善高速铁路、普速铁路检测、监测和修理技术装备体系,提高检测养护机械装备水平,全面提升基础保障能力,推广计算机联锁系统和编组站综合自动化系统,加强供电综合自动化与远动、诊断系统建设。

(2) 安全生产管理:加快建立企业负责、政府监管、社会监督"三位一体"的铁路安全管理体系。

(3) 智能化现代化:提升安全监控自动化水平,建立集监测、监控和管理于一体的安全监管信息系统,加快推进运输安全防灾系统建设。

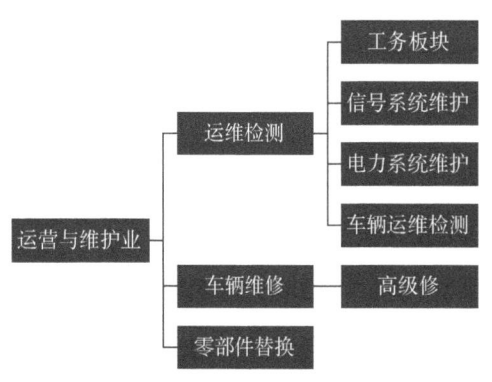

图 3-13 高速铁路运营与维护业的构成

高速铁路运营与维护业主要分为运维检测、车辆维修和零部件替换三个部分(图 3-13)。其中,运维检测主要包括工务板块、信号系统维护、电力系统维护和车辆运维检测四个部分。车辆维修相对稳定,动车组车辆维修由各铁路局与中国中车合作完成,市场结构稳定,目前动车组一、二级修由各动车运用所完成,三级修由几大动车段与中国中车合作完成,四级修则由中国中车完成。未来三级修及部分四级修将由各铁路局承担,中国中车负责需要返厂的四级修和五级修。

2. 我国高铁运营与维护主要企业——神州高铁技术股份有限公司

1) 公司概况

神州高铁技术股份有限公司(以下简称神州高铁)的前身是北京新联铁集团股份有限公司,创建于 1997 年,2014 年重组上市后更名为神州高铁技术股份有限公司。控股股东为中国国投高新产业投资有限公司。

多年来,神州高铁在自身发展的基础上,通过并购线路、信号、供电、站场等方面多家公司,成为轨道交通运营检修维护装备领域唯一涵盖全产业链的公司。神州高铁是中国高铁及城轨运营检修维护装备制造产业的领军企业。

神州高铁拥有核心产品400余项,其中26项处于国内、国际领先地位,多项核心技术填补了国际空白。近年来,神州高铁通过运营维护智能装备、大数据系统研发,致力于轨道交通云运营及智能检修维护体系的搭建和复制推广。

目前,神州高铁逐渐形成了独有的轨道交通运维产业板块,与轨道交通另外两大产业板块(工程及电气化建设板块和车辆制造板块)形成协同互补的差异化产业格局,成为轨道交通产业新的一极。

在铁路交通领域,神州高铁业务覆盖18个铁路局、7个主机厂、7个动车基地、7个大功率机车基地、13个焊轨基地、76个机务段、54个车辆段、15个工务段、36个供电段、54个动车运用所、16个货运站场和2 000余座车站。

2) 高速铁路对公司发展的影响

2013年,我国提出并启动了"一带一路"倡议与构想。加强"一带一路"沿线各国、各地区"互联互通"网络建设是实现该倡议的保障,中国高速铁路逐步成为加快实施该战略的重要领域。

国家铁路局发布的《铁路"十三五"发展规划》提出,"十三五"期间,铁路将继续成为我国重要的基础设施投资领域,投资规模将继续保持较高水平。

各城市发布的城市轨道交通发展规划也提出,"十三五"期间,我国城市轨道交通将实现大发展,投资规模将保持较高的增长。

上述重大战略举措为我国以高速铁路为代表的轨道交通产业提供了广阔的发展机遇和巨大的市场空间。由此推动了轨道交通领域三大产业进入大发展时代(图3-14):一是轨道交通基础设施产业大发展;二是轨道交通装备制造产业大发展;三是轨道交通运营维护产业大发展。其中,基础设施产业主要是指轨道站场、线路、信号、供电等;装备制造产业主要是指机车、车辆、动车等;运营维护产业主要是针对机车、车辆、动车、线路、信号、供电全领域的运营维护、设备供应、数据服务等提供系统解决方案。

神州高铁作为国内最早进入轨道交通运营维护领域的企业之一,面对"一带一路"倡议、国家铁路发展规划以及城市轨道交通大发展的历史机遇,陆续实施了建设系统化产业模式平台、专业化业务模式平台和数据化服务模式平台等一系列战略举措,业务范围覆盖全国各铁路局、动车检修基地、大功率机车检修基地、主机厂、机务段、车辆段、供电段、动车运用所和城市轨道交通。

神州高铁现有动车组运行故障动态图像检测系统(TEDS-3D)、位置追踪系统、接触网安全巡检装置(2C)、车载接触网运行状态检测装置(3C)、接触网悬挂状态检测监测装置(4C)等165项有关高速铁路的产品。

3) 公司运营状况

由图3-15可以看出,2011年以前神州高铁发展较为缓慢,自2011年高铁大规模建设后,神州高铁的经营开始步入正轨,2014年神州高铁重组上市,企业依照国家铁路局发布的

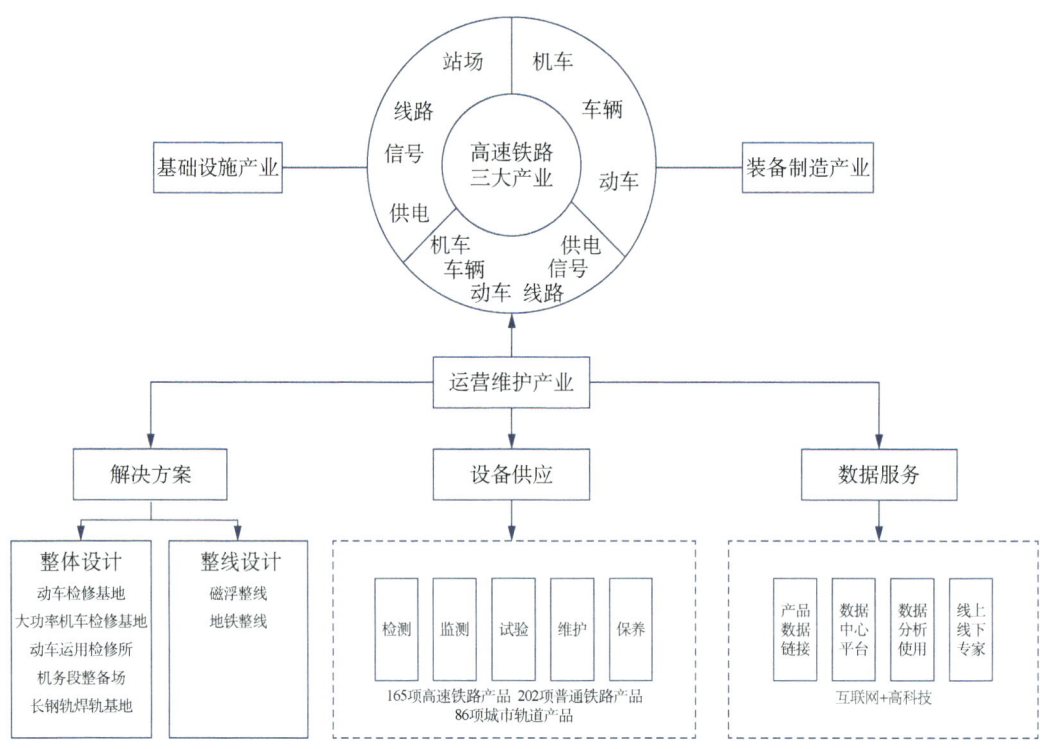

图 3-14　轨道交通领域三大产业描述

《铁路"十三五"发展规划》，牢牢抓住高速铁路重大的发展历史机遇，大力发展高速铁路运营维护产业，公司发展规模获得了较大幅度增长。

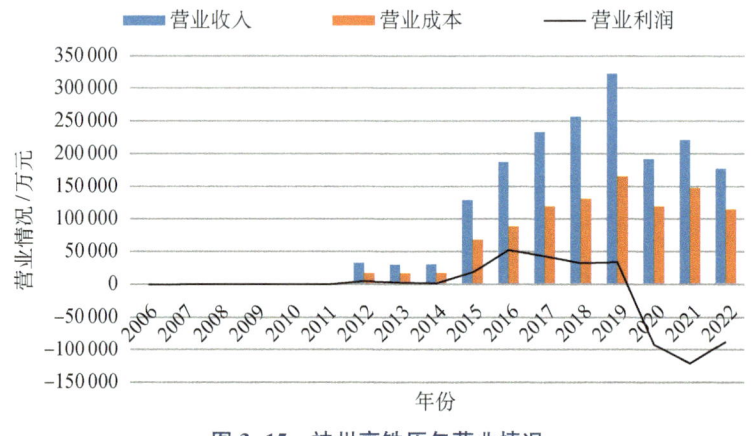

图 3-15　神州高铁历年营业情况

通过 SPSS 软件对神州高铁的"营业收入"与"高铁累计通车里程"的相关性进行分析，结果如表 3-7 所列。

表 3-7 神州高铁"营业收入"与"高铁累计通车里程"相关性分析

		营业收入	高铁累计通车里程
营业收入	皮尔逊相关性	1	0.929**
	显著性(双侧)		0.000
	平方和与叉积	111 694 837 454.308	12 523 571 987.646
	协方差	9 307 903 121.192	1 043 630 998.971
	个案数	13	13
高铁累计通车里程	皮尔逊相关性	0.929**	1
	显著性(双侧)	0.000	
	平方和与叉积	12 523 571 987.646	1 625 859 482.517
	协方差	1 043 630 998.971	135 488 290.210
	个案数	13	13

注：** 表示在 0.01 置信水平(双侧)上显著相关。

从表 3-7 可知,神州高铁的"营业收入"与"高铁累计通车里程"在 0.01 置信水平上显著相关。因此,高速铁路的建设显著影响着神州高铁的运营状况,可以通过高铁累计通车里程的发展趋势来预估神州高铁的营业收入趋势。

3.3.7 国内外行业标准对比分析

1. 中国高铁产业重点领域技术标准

高铁领域中国标准主要由中国国家标准化管理委员会制定,共 32 项(表 3-8),主要包括产品标准和方法标准两类。其中,高铁领域产品标准涉及逆变器供电的交流电动机、铁路牵引用柴油机、牵引电气设备、电气化铁路牵引变压器等；方法标准包括列车牵引计算规程、城市轨道交通列车噪声限值和测量方法、城市轨道交通基于通信的列车自动控制系统技术要求等。

表 3-8 中国高铁产业关键技术标准列表

序号	标准号	标准名称
1	TB/T 3117—2005	铁路应用　机车车辆　逆变器供电的交流电动机及其控制系统的综合试验
2	TB 10306—2009	铁路通信、信号、电力、电力牵引供电施工安全技术规程
3	TB 10076—2000	铁路枢纽电力牵引供电设计规范
4	TB/T 2783—2006	铁路牵引用柴油机排放试验
5	TB 10108—2011	铁路路基填筑工程连续压实控制技术规程
6	TB/T 2986—2000	铁路机车牵引电机悬挂抱轴瓦油

(续表)

序号	标准号	标准名称
7	TB/T 2063—1989	铁路机车牵引齿轮检修技术条件
8	TB/T 2879.5—1998	铁路机车车辆 涂料及涂装 第5部分:客车和牵引动力车的防护和涂装技术条件
9	TB 10111—1994	铁路电力牵引供电自耦变压器方式技术规范
10	TB 10075—2000	铁路电力牵引供电隧道内接触网设计规范
11	TB 10208—1998	铁路电力牵引供电施工规范
12	TB 10009—2005	铁路电力牵引供电设计规范
13	TB 10421—2003	铁路电力牵引供电工程施工质量验收标准
14	LD/T 45.10—2003	铁路电力牵引供电工程劳动定员定额
15	TB 10080—2002	铁路电力牵引变电所所用电系统设计规范
16	TB/T 3126—2005	铁路车站计算机联锁单元控制台
17	SN/T 1434—2004	入出境列车医学媒介生物控制标准
18	GB/T 28029.2—2011	牵引电气设备 列车总线 第2部分:列车通信网络一致性测试
19	GB/T 28029.1—2011	牵引电气设备 列车总线 第1部分:列车通信网络
20	TB/T 1407—1998	列车牵引计算规程
21	TZ 208—2007	客运专线铁路电力牵引供电工程施工技术指南
22	TZ 10208—2008	客货共线铁路电力牵引供电工程施工技术指南
23	YB 9068—1995	黑色冶金露天矿电力机车牵引准轨铁路设计规范
24	GB/T 24338.3—2009	轨道交通 电磁兼容 第3-1部分:机车车辆 列车和整车
25	GB/T 28807—2012	轨道交通 机车车辆和列车检测系统的兼容性
26	TB 10758—2010	高速铁路电力牵引供电工程施工质量验收标准
27	TB/T 3159—2007	电气化铁路牵引变压器技术条件
28	TB/T 3226—2010	电气化铁路牵引变电所综合自动化系统装置
29	NB/T 42014—2013	电气化铁路牵引变电所综合自动化系统
30	GB/T 28428—2012	电气化铁路 27.5 kV 和 2×27.5 kV 交流金属封闭开关设备和控制设备
31	GB 14892—2006	城市轨道交通列车噪声限值和测量方法
32	CJ/T 407—2012	城市轨道交通基于通信的列车自动控制系统技术要求

2. 高铁产业主要技术标准的对比

主要国家/地区/组织在高铁领域的轨道交通电传动控制、整车振动控制等细分领域的产业技术标准对比如表3-9所列。

表3-9 主要国家/地区/组织高铁产业主要技术标准的对比表

国家/地区/组织	产品标准	方法标准	特点
美国(1项)	—	基于通信的列车运行控制系统(CBTC)功能测试	仅有1项方法标准
国际标准化组织(87项)	轨道交通 全部车辆用电子设备;铁路设施 固定装置 电力牵引架空接触线系统;轨道交通 铁路车辆用牵引变压器和电感器	轨道交通 机车车辆设备冲击和振动试验;轨道交通 集流系统 碳滑板用导电弓架试验方法;交流传动电力机车试验方法 第2部分:输入特性试验	兼顾产品标准与方法标准
日本(10项)	电力牵引 铁路与道路车辆用旋转电机 第2部分:电子变流器补偿的交流电动机;轨道交通 铁路车辆用牵引变压器和电感器	铁路信号设备 阻抗连接器试验方法;铁路地面信号产品振动试验方法;连续感应式列车自动限速装置的试验方法	兼顾产品标准与方法标准
欧盟标准化组织(66项)	轨道交通 地面装置 电气牵引架空接触网;电气化铁路用铜及铜合金接触线	轨道交通 机车车辆 逆向供电交流电动机及其控制的联合检验;轨道交通 固定设备 电力牵引 用于架空接触线系统的复合绝缘子特定要求	兼顾产品标准与方法标准
英国(156项)	轨道交通 铁路车辆 牵引装置和螺旋联轴节;轨道交通 铁路车辆用电气设备 开放结构电源电阻器规则	轨道交通 火车上的能量测量 一致性评估;轨道交通 制动距离,减速距离和定位制动的计算方法 第1部分:一般算法	兼顾产品标准与方法标准
法国(75项)	铁路设施 具有特殊防火性能的铁路机车车辆电力和控制电缆	轨道交通 受流系统 受电弓碳滑板试验方法	以产品标准为主,方法标准为辅
德国(132项)	轨道交通 铁路车辆 逆变器供电的交流电动机及其控制系统的联合试验;轨道交通 地面装置 电气牵引架空接触网	轨道交通 安装在铁路车辆上的功率变流器 第1部分:特征和试验方法	以产品标准为主,方法标准为辅
中国(37项)	轨道交通 铁路车辆 逆变器供电的交流电动机及其控制系统的联合试验;轨道交通 机车车辆电气设备 第2部分:电工器件通用规则;轨道交通 机车车辆牵引变压器和电抗器	列车牵引计算规程;城市轨道交通列车噪声限值和测量方法	兼顾产品标准与方法标准

3.3.8 高铁技术创新分析

我国高铁技术发展迅速,在较短时间内步入世界先进行列。中国高铁的创新历程可分为三个阶段:第一个阶段是 2004 年以前,以自我研发为主,外来引进为辅;第二阶段是技术引进时期,即 2004—2008 年,从技术研发转向引进吸收,通过技术招标,从动车组技术最发达的 4 家企业(包括加拿大庞巴迪、日本川崎、德国西门子、法国阿尔斯通)分别引进了 4 种产品;第三个阶段是自主创新期,即 2009—2015 年,我国实现了技术来源自主化、技术标准化、产品系列化。中国标准动车组于 2015 年 6 月 30 日正式下线,并快速投入运营,实现了我国高铁的技术创新。中国高铁的技术创新路径具有显著的中国特色。我国高铁技术创新在其创新过程中由行政链、生产链、技术与科学链三个链条相互混成,共同形成了高铁网络化创新系统。其中,行政链由各级政府及管理机构组成,生产链由相关产业链的垂直和水平联系的企业组成,技术与科学链由相关的高校和科研机构组成。三个链条高度同步,高效率运作,在创新主体和职能上交叉重叠后形成的双边混成组织和三边互动形成的三边混成组织,在我国高铁技术创新过程中起到了决定性作用。另外,我国高铁专利申请情况也反映出我国高铁技术创新的思路。

1. 我国高速铁路技术创新总体发展情况

对我国高速铁路技术创新的研究主要通过专利检索进行分析,采用"关键词"的方式进行检索,使用的关键词包括"高速铁路""高铁""动车组",共检索到有效专利数据 8 279 条。图 3-16 所示为 2001—2022 年我国高速铁路相关专利授权数量。

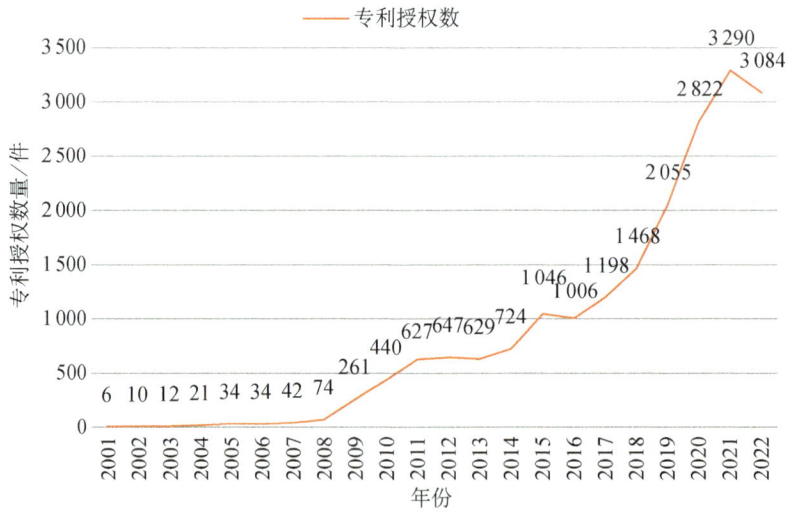

图 3-16 2001—2022 年我国高速铁路相关专利授权数量

针对我国高铁技术创新能力的评价结果显示,我国高铁专利授权数量经历了起步、高速发展、调整、飞跃 4 个阶段。

第一阶段(2001—2007 年)是高速铁路起步阶段。此阶段,高速铁路在中国并未受到重视,还处于低谷期。

第二阶段(2008—2011年)是高速铁路飞速发展阶段。专利授权量从2007年的42件增至2011年的627件。2008年10月,国家发展改革委批准了《中长期铁路网规划(2008年调整)》。在这一阶段,我国铁路发展成效显著,基础网络初步形成,服务水平明显上升,创新能力显著增强,高铁产业进一步发展。

第三阶段(2012—2014年)是高速铁路调整阶段。2012—2013年,高铁专利授权量出现了小幅回落,但于2014年再次恢复,并略有上升。2011年的"7·23甬温线特别重大铁路交通事故"阻碍了我国高铁产业的发展,导致我国高铁创新有所停滞。

第四阶段(2015年以后)是我国高铁创新的飞跃时期。2015年6月30日,具有完全自主知识产权的时速350 km中国标准动车组正式下线,并在中国铁道科学研究院环形试验基地正式开展试验工作,为我国动车组实现全面自主化、标准化打下了坚实基础。2016年8月,中国标准动车组首次载客运行。2017年6月,中国标准动车组正式投入运营,开启中国高铁领跑新征程。自2015年之后,我国实现了技术来源自主化和技术标准化,同时专利授权量也在不断增加。

从另一个角度来看,我国高铁产业创新主体包括中国高铁相关企业及高校,截至2016年底,高速铁路十大创新主体专利授权数量排名如图3-17所示。其中,高校有4所,由此可见我国高校整体的高铁创新能力还有待加强。

图3-17 高速铁路十大创新主体专利授权数量排名[31]

高铁产业创新领域主要包括总成、车体、转向架、牵引系统、制动装置、监测/检测系统以及其他配套技术等。从高铁产业各领域的专利数量情况来看(表3-10),首先,监测/检测系统领域的专利申请数量最多,达到3 175件,数量明显多于其他领域,且主要申请人都来自高校。其次为车体、牵引系统和其他配套技术,专利申请数量均在千件以上。转向架、制动系统、总成领域的专利申请数量则较少。

表 3-10　高铁主要领域专利统计(截至 2015 年)

领域	专利数量/件	主要申请人所属单位
总成	271	吉林大学、中车长春轨道客车股份有限公司、株洲联城集团控股股份有限公司、中铁高新工业股份有限公司
车体	1 016	中车青岛四方机车车辆股份有限公司、西南交通大学、中国铁路总公司
转向架	615	长春轨道客车股份公司、中车青岛四方机车车辆股份有限公司、吉林大学、西南交通大学、国家铁路局
牵引系统	1 208	西南交通大学、中车青岛四方机车车辆股份有限公司、吉林大学
制动装置	898	中车青岛四方机车车辆股份有限公司、国家铁路局、中国铁道科学研究院集团有限公司机车车辆研究所
监测/检测系统	3 175	西南交通大学、北京交通大学、中南大学
其他配套技术	1 727	中车青岛四方机车车辆股份有限公司、深圳沃海森科技有限公司、中车长春轨道客车股份公司

2. 高铁技术创新可持续发展

在我国高铁建设已经实现了在技术研发、工程建设两个阶段分别由政府主导和企业主导后,下一步的协调发展阶段则应努力实现由企业主导向大学主导的演进。这是持续提升我国高铁国际竞争力的关键。坚定大学等学术机构教学型—科研型—创业型的递进路径,努力实现大学的社会主体地位。学术链能否成为创新主导,直接关系到创新能力的持续提升。创新社会网络的演进遵从的是政府—产业—大学依次成为社会主体,这种演进本质上是一个社会创新能力提升的主线索。在世界上创新能力领先的区域中,大学往往是区域创新的主导,是区域社会的主体。要让大学、科研等学术机构成为高铁技术创新的主导链条,在各类混成组织中发挥主导职能,必须提高大学的知识生产率和知识资本化率。这就要求大学努力实现从科研型向创业型转变,并将其置身于高铁技术创新网络的核心节点位置。

3.4　高铁产业发展竞争优势分析

3.4.1　中国高铁产业发展 SWOT 分析

1. 中国高铁产业发展的优势(Strength)

1) 规模最大

截至 2023 年底,中国高铁营业里程达到 4.5 万 km,超过全球高铁营业总里程的 2/3,成为世界上高铁里程最长、运输密度最高、成网运营场景最复杂的国家,中国高铁动车组已累计运输旅客突破 100 亿人次,成为中国铁路旅客运输的主渠道。《中长期铁路网规划(2008 年调整)》指出,为适应全面建设小康社会的目标要求,铁路网要扩大规模,完善结构,提高质量,快速扩充运输能力,迅速提高装备水平。

2) 技术先进

在工程建造方面,为适应我国地质及气候条件复杂多样的特点,在路基、桥梁、隧道、客运站等基础设施建设,以及无砟轨道、牵引供电、通信信号等专业领域,攻克了一系列技术难题。以京沪高铁为例,通过技术创新,建设者们破解了高速铁路深水大跨复杂桥梁建造、超长高架桥上无砟轨道无缝线路建造、大型综合交通枢纽建造、复杂地质地基处理与沉降控制、高速接触网大张力及材料等一系列的技术难题,形成了我国时速 350 km 高速铁路建造技术标准体系,实现了高平顺、高稳定性的目标要求。

在高速动车组方面,通过引进消化吸收再创新,研发了高速铁路动车组关键技术和配套技术,研制了新一代时速 350 km 系列高速动车组,研发出适应我国国情的长编组动车组总体技术方案,构建了高速列车设计、仿真、试验、检测与评估平台,完成了动车组自主研制,成功通过了综合试验段时速 380~420 km 逐级提速试验验证,实现了京沪高铁长距离高速度持续稳定运营;研发了空心车轴全自动加工生产线、构架加工柔性生产线、搅拌摩擦焊生产线,实现了车轴、构架等部件自动化加工及装配;建立了数字化、自动化、柔性化的高速列车制造体系,提升了我国动车组装备制造水平,形成了高速列车成套技术标准。中国的高铁技术对世界具有极大的贡献。首先,它终结了动力集中与动力分散的争论,中国通过实际运营证明了动力集中是主导的技术路线。其次,我国提供了时速 350 km 运行经验和数据,日本并没有达到这么高的时速,而积累数据正是优化高铁设计非常重要的资源。最后,中国目前具有最强的系统集成技术。2010 年 12 月 3 日,京沪高铁在枣庄至蚌埠间的先导段联调联试和综合试验中,CRH380AL"和谐号"高速动车组最高运行时速达 486.1 km。需要指出的是,虽然早在 2007 年 4 月 3 日,法国高速列车 V150 在行驶试验中时速达 574.8 km,但是中国创造的最高时速 486.1 km 是用正常运行的动车组 CRH380AL 在日常运营线路上跑出的,且运行后的列车完好无损,而法国的列车是经过特殊实验改装而成的,且实验结束后列车报废,因此我国动车组技术在国际上是很有竞争力的。此外,2018 年,由中国通号研发的全球首套时速 350 km 高铁自动驾驶系统(C3+ATO)顺利完成实验室测试。2020 年京张高铁实现时速 350 km 的自动驾驶,标志着我国高铁自动驾驶技术取得了重大突破。在列车运行控制技术的保驾护航下,中国高铁智能化运营水平领跑全球,即将迎来自动驾驶时代。

在运营管理方面,我国高铁掌握了复杂网络下的高铁运营调度技术,建立了适应大客流、高密度的客运服务系统,构建了高铁安全风险防控体系,为高铁运营安全提供了可靠的技术保障;建设者们创新了轨道、接触网、通信、信号、车辆动力学等检测验证试验方法,开展了京沪高铁时速 350~385 km 持续运行的全面系统检测验证试验,有效评价了系统的安全性、平稳性和舒适性,指导了系统优化,保证了京沪高铁按设计标准开通运营;系统验证了高速铁路系统检测验证试验方法,提升了检测技术手段和评价标准,形成了《高速铁路工程动态验收技术规范》(TB 10761—2013);创新了我国高速铁路技术发展和建设管理模式,构建了我国高速铁路技术体系,引领中国大规模、高标准高速铁路网的建设。

3) 安全可靠

自 2011 年"7·23 甬温线特别重大铁路交通事故"发生以来,社会舆论对高铁安全一直存在误解。当前中国高铁的设计运行速度可达 400 km/h。王梦恕院士曾说:"依照中国现有的轨道技术,即使按照 385 km 时速运行,我们也能保证安全。"

事实上,中国高铁在运营过程中,不仅构建了闭环管理的安全保障体系,采用各种移动设备和固定设施对信息进行实时采集、实时分析,还建造了庞大的铁路调度指挥系统,从而有力地保障了列车大密度开行。

管理者们提出了工期、质量、环保、投资、安全、稳定"六位一体"的目标控制体系,系统形成了以管理制度、人员配备、现场管理、过程控制标准化为基本内涵,以技术、管理、作业标准和流程管理为基本依据,以机械化、工厂化、专业化、信息化为支撑手段的标准化管理体系,确保了技术标准高、系统复杂的国内大规模高速铁路工程能够科学有序、优质高效地建设。就创新高速铁路安全管理体系而言,在夯实安全管理基础、健全安全生产责任制的基础上,提出将高速铁路安全工作重心向关口前移、源头防范全面转变等安全管理新理念。通过践行"强基达标、提质增效"工作主题、完善高速铁路安全管理基础、强化安全生产过程控制等措施,提出构建具有中国特色的人防、物防、技防"三位一体"的高速铁路安全保障体系,并通过强化完善企业内部综合安全监督检查机制来确保"三位一体"高速铁路安全保障体系的运转实施。从图 3-18 可见,我国高铁安全性呈逐年稳步上升趋势。

图 3-18 "十二五"以来铁路交通事故变化趋势

4) 兼容性好

在牵引供电、列车控制、工程建设等主要技术领域,中国高铁不仅可以实现与世界其他国家优势企业(如加拿大庞巴迪、日本川崎重工、德国西门子、法国阿尔斯通等)先进技术的完全兼容,还融合了 JIS[①](日本工业标准)、EN[②](欧洲标准)、IEC[③](国际电工委员会)、

---

① JIS:Japanese Industrial Standards.
② EN:European Standards.
③ IEC:International Electrotechnical Commission.

ISO①(国际标准化组织)、UIC②(国际铁路联盟)等国际组织的先进标准。中国高铁兼容性较好源于产业发展过程中突出的系统集成创新能力。当前,中国不仅全面掌握了高铁总体设计、联调联试、接口管理等关键技术,还基于运营大数据,就进一步降低高铁运行全寿命周期成本、提高列车调度效率、减缓机车零部件老化磨损等问题开展研究,以不断优化高铁的整体性能。

5) 建设周期短

通过创新施工组织动态管理模式,以工厂化、机械化等为支撑,实现施工方案、资源配置与控制目标的最佳匹配,大大提高了建设效率,确保了工期和质量。并且工期短并不是不合理地压缩工期,而是通过科学测算、合理确定工期来实现的。因此,中国高铁的建设周期远远短于其他国家的,如图3-19所示。

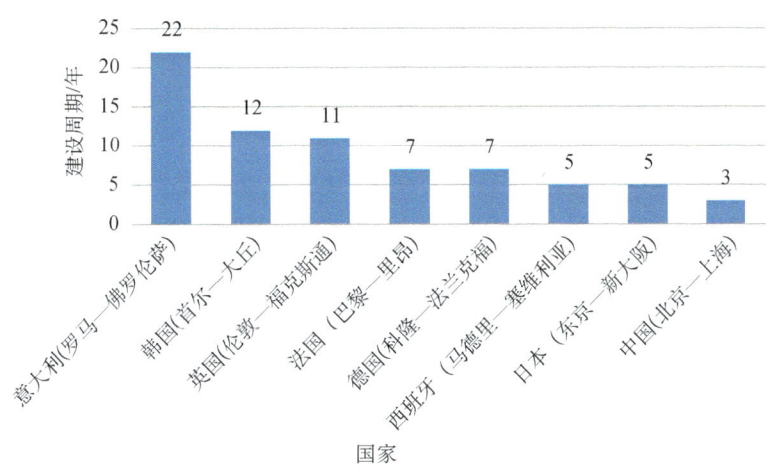

图3-19 各国高铁建设周期

另外,据世界银行2014年7月的研究报告,中国高铁每公里建设成本约为发达国家的2/3。新研发的列车采用镁合金、碳纤维等先进的轻量化材料,对最易损耗的零部件加以关注,运用低阻力设计,并使用高效的牵引制动系统,从而使高铁整车寿命长达30年。

2. 中国高铁产业发展的劣势(Weakness)

中国高铁产业虽然近几年发展迅速,也与许多国家达成了合作意向,但是真正落实的合作却不多。究其原因,中国高铁产业在技术研发能力、管理经验、人才等方面仍存在一定的劣势。

1) 核心技术自主研发能力不高

由于我国高铁技术研发人才短缺、科研投入不足、技术生产体系不完善,导致自主创新能力薄弱、核心技术研发能力较差,从而出现了技术研发能力参差不齐的现象。在隧道、桥梁、路基等线下工程方面,我国具备一定的自主研发能力和独立的自主知识产权。然而,在高速动车组、牵引供电、高速列车运行控制系统、通信、信号等软件技术领域,我国仅拥有技

---

① ISO: International Organization for Standardization.
② UIC: International Union of Railways.

术引进后的研发能力和知识产权。这种较弱的自主研发能力直接影响了我国高铁产业的国际竞争力,并阻碍了其发展。

2) 知识产权保护意识不强

截至 2023 年,我国高铁专利申请量已达到全球高铁专利总申请量的 70% 左右。虽然,我国已形成了具有自主知识产权的成套技术体系,但总体来看,专利申请和授权主要集中在实用新型和外观设计方面,发明专利的申请比例非常低,且增长缓慢。同时,高铁产业核心技术产品创新不活跃,创新绩效较差。在我国高铁上市公司中,中国的专利申请总量为 1 783 件,其中实用新型专利申请公开量最多,为 1 007 件,占专利申请总量的 56.5%;发明专利申请公开量为 541 件,占 30.3%;外观设计专利申请公开量为 235 件,占 13.2%。由此可见,真正代表发明创造技术水平的专利申请在国内专利申请总量中始终未占主导地位。此外,我国对高铁技术知识产权的保护意识较为淡薄,例如在技术创新后缺乏知识产权保护意识,导致该类技术被一些国家诬蔑为技术"抄袭",这对我国高速铁路的发展是极为不利的。

3) 管理经验不足和相关人才缺乏

尽管中国已经拥有了世界上最大的高铁网络,但是进入这一领域的时间相对于日本和法国等高铁先进国家来说较晚,这使得我国在管理经验方面存在严重不足,而薄弱的管理经验恰恰成为阻碍我国高铁产业发展的瓶颈。举例来说,中国铁建承建的沙特阿拉伯麦加轻轨项目,由于缺乏运营管理经验而面临许多意外挑战,该项目的实际工程量大大超出了合同规定的数量并导致频繁的管理失误,最终使中国铁建损失了 42 亿元。

此外,铁路职员的文化水平和专业能力普遍都较低,他们拥有的知识和技能无法满足高速铁路新时代的要求。所以,当前我国特别缺乏能掌握高铁新技术并适应高铁管理新要求的专业人才。随着高速铁路的快速发展,高铁专业人才的供需差距也会日益突出。与高速铁路建设的规模和速度相比,高铁专业技术人员明显供给不足,特别是多学科、多层次的复合型人才尤为短缺。

4) 高铁建设成本高

我国地大物博、人口众多,城市之间的距离特别远。为了建立能联通整体的高铁网络,势必高铁里程会很长,相应的建设成本也会很高。举例来说,京沪高铁是我国建设里程最长、施工标准最高、投资也最大的一条高铁。高铁的建设成本主要体现在以下三个方面:

(1) 造价高。京沪高铁全长 1 318 km,总投资约 2 209 亿元,每公里造价约 1.5 亿元。相比之下,德国的法兰克福—科隆线每公里造价约 1 亿元,韩国高铁每公里造价约 0.5 亿元。

(2) 运营成本高。高铁运营成本主要包括设备采购成本、轨道线路成本、牵引供电成本、旅客服务成本和列车运行维护成本。铁道部研究院每年在运营成本上大约投入 70 亿元。日本、德国和法国与我国相比,它们不仅国土面积小,且拥有核心技术,同时它们在日常维护保养方面也非常注重,因此运营成本相对较低。

(3) 外部环境成本高。高铁建设会带来如空气污染、噪声和土地损害等问题。铁道部研究院每年约花费35亿元来解决这些问题。

综上所述,建设成本高意味着需要巨大的投资,这会给国家带来沉重的财政负担。

3. 中国高铁产业发展的机遇(Opportunity)

1) 市场机遇

首先,国内市场需求持续高速增长。缺乏市场需求拉动的行业无法实现长足的发展,任何行业的发展都需要强大的市场作为后盾。中国高铁的发展得益于广阔的国内市场,庞大的国内市场使高铁行业的发展得到了持续的拉动。此外,我国国土面积大、长距离运输需求旺盛,传统的铁路和其他运输方式无法满足节假日等高峰期的运输需求。为了解决运输高峰期的问题并进一步缩短旅行时间,高铁应运而生。随之而来的是高铁产业在市场战略机遇刺激下有了新的发展空间。

其次,2014年12月,中国南车和北车重组,成立了中国中车有限公司,这不仅有效避免了公司间的恶性竞争,减少了重复投资,还提高了资源的利用效率,有助于降低成本,增加利润。此外,两家公司的重组还实现了研发技术共享。自此以后,它们以"中国中车"的形象参与国际竞争,不仅实力大幅提升,能够更好地展示规模效应和协同效应的影响力,还有效地调整了企业在全球的发展格局,改善了资源配置,增强了核心竞争力。2015年,中国提出"一带一路"倡议,加快了中国高铁产业走出去的步伐,推动中国高铁产业向中亚、西亚和欧洲沿线国家市场推广。同时,随着中国本土高铁营业里程的不断增加,中国高铁技术越来越成熟,安全质量水平提高,这也加快了中国高铁产业走出去的速度。

最后,除了需求庞大的国内市场外,广阔的国际市场也为中国高铁的发展提供了机遇。新世纪以来,世界范围内掀起了建设高铁的热潮,这为中国高铁走向世界提供了更广阔的发展空间。广大发展中国家正处在城市化和工业化的进程中,为了打通国内或国与国间的运输通道,就需要采用更为高效的新型运输方式——高速铁路,以此来加速本国的城市化和工业化进程。由此可见,全球高铁建设将进入大爆发阶段,中国高铁企业面临着巨大的全球市场机遇,未来的国际化道路将更加广阔。

2) 发展低碳经济的迫切要求

发展低污染、低消耗、低排放的交通工具是实现低碳经济的重要手段,高铁正是这样一种节能、环保、快捷的运输方式。在节能方面,高铁采用电动力机车,耗电量远低于其他交通方式。若根据统一能耗标准计算,高铁一单位能耗为1,而小轿车一单位能耗为5.3,飞机一单位能耗为5.6,由此可见高铁的节能效果显著。另外,相较于依赖大量石油的空运、海运和汽车运输,高铁的发展将减少中国对石油需求的依赖,这有助于维护我国能源资源安全。在环境保护方面,高铁的CO_2排放量远低于其他交通方式。同时,高铁使用密封式集便器,从而减少了沿线的人为污染。不同于大量占用和污染土地的高速公路和机场,高铁大规模采用"以桥代路"的方式,并且避开了人口密集区,如此既节约和保护了耕地,又减少了对城乡周边环境的污染扩散。已有资料显示,铁路、公路、民航的单位运输量平均能耗比约为2∶9∶12。因此,大力发展高铁是节省资源且符合我国国情的必然选择。

4. 中国高铁产业发展的挑战(Threaten)

1) 国际竞争激烈

根据"技术生命周期"理论,竞争力的核心在于掌握先进技术、核心技术和关键技术。日本、法国、德国等国掌握着核心技术,并严格限制中国高铁技术的出口,以保持它们的垄断地位,同时也遏制了中国高铁的发展。这些国家不愿在动车组、通信和信号等核心技术领域轻易地将技术转让给中国。因此,中国必须在引进技术后进行自主创新。然而,当中国高铁技术逐渐强大并超越原来的引进技术时,这些高铁技术发达国家会进一步收紧技术转让政策,以应对中国高铁的崛起。例如,中国在引进日本新干线时速 200 km 技术的基础上,通过自主创新,发展出时速 350 km 以上的动车组技术,此进步使得日本警惕,自此以后对中国进行技术转让的态度变得更为谨慎。

2) 高铁票价不合理、客源不足

自高铁开通以来,客源不足和票价较高的问题就一直存在。如果高铁无法吸引客源、合理定价,则很难改变现状。目前,我国的几条代表性高铁线路,如京沪高铁、郑西高铁和武广高铁,其一等座票价几乎是普通列车的五倍,二等座票价几乎是普通列车的三倍,甚至比折扣机票还贵。例如,从武汉到广州夕发朝至列车的硬卧票价为 240 元,而高铁二等座票价为 490 元。虽然高铁能节省近一半的时间,但如此高的票价让普通民众在没有特别需要时不会选择高铁。铁路是一种大运量的交通工具,主要面向中低收入群体,但目前高铁主要被商务人士和旅游出行者所接受,而学生和一般市民难以接受高铁的高票价,因此更多的人会选择普通列车或折扣机票。长期来看,高票价和客源不足可能导致高铁面临亏损风险。

3) 面临高铁产业结构的调整

我国高铁产业的结构性调整在经过多年发展后已经取得了一定成果,但目前的高铁企业仍然相对分散,竞争力较弱。尤其是"7·23甬温线特别重大铁路交通事故"显现出了产权责任不明等问题。这些不合理的现象更迫切要求对高铁产业进行进一步结构性调整。面对这种现状,国资委提出高铁产业结构向"软化"方向发展的要求,即加强对技术、管理和知识等"软要素"的依赖。但是,具体如何调整,特别是调整各国有企业主体的高铁企业,对于整个高铁行业来说是一个巨大的挑战。目前,各高铁生产厂家尚未掌握核心技术的研发能力,管理水平也不高,这给未来的产业结构调整带来了诸多隐患。

3.4.2 "一带一路"倡议下高铁产业发展对策

1. 深化高铁产业核心技术的研发

国家铁路局发布的《"十四五"铁路科技创新规划》中提出:"研发高速列车系统集成、承载走行结构、轮轴驱动、制动控制等制约速度和能效提升的关键技术,形成系列化的标准体系和试验验证能力,构建自主可控、性能指标领先的时速 250~400 公里级高速列车产品平台,实现技术水平持续引领。"根据规划要求,中国高铁产业为实现"走出去"战略,要持续进行自主技术创新,不仅需要加强基础理论研究,还要加强高铁智能化研究,这与当前智能交通发展的大趋势是相符的。同时,还需要进一步加强对实用性技术的研究,针对运输安全、工程建设、装备制造、运营管理等方面的需求，依托重大项目，聚焦关键技术，推动高铁建设和运营的实用技术开发。高铁产业发展是一系列与高铁技术开发、牵引供电、通信信号、机车装备制造、线路施工及运营等相关企业的合作发展。政府应加强政策引导，掌握核心技术，促进高铁产业链的形成和发展，支持创新模式，推动产业链内各环节企业合作，提高整体竞争力，从而实现高铁产业整体的可持续发展。在实践经验的基础上，应根据我国高铁产业发展的特点和要求，持续突破，完善高铁产业链，以形成独立自主的技术发展路线。高铁产业链可以采取多种形式，如通过合同、委托、合作等方式形成技术研究部门与设备制造企业的松散型联盟，或通过相互参股形成紧密型联盟。

2. 推进中国高铁技术标准体系的国际化

经统计，中国高铁产业重点领域技术标准数量仅有 37 项，而对比国外高铁产业标准，如国际标准化组织（87 项）、英国（156 项）、法国（75 项）、德国（132 项），发现中国高铁产业的标准数量是远远不及的。

因此，为了进一步实现我国高铁产业"走出去"战略，须加强高铁产业技术进步，推动产业标准国际化、产业技术体系标准化。但在此过程中，应注意保护我国高铁新技术取得的重大成就，防止泄密。首先，组织并引导高铁设备制造集团、高铁技术研发机构及高铁技术应用部门完善高铁产业的技术标准；其次，要明确技术自主创新成果与建设管理中有关问题之间的关系，避免因某些问题影响我国高铁技术输出；再次，需建立健全透明、公平公正的市场交易规则和制度政策，减少政府的直接干预；最后，注意保护高铁技术的知识产权，推动高铁专利申请及相关法律法规的建立，创建有效合理的知识产权制度。目前，中国的高速铁路营业里程已跃居世界第一，运行速度和质量也处于世界前列，表明我国在高铁建设和运营方面已达到世界先进水平。从当前情况来看，中国高铁产业在工程设计、系统集成和建设成本等方面具有显著优势，有能力推动高铁相关产业的全面出口。高铁产业"走出去"不仅有利于中国充分利用国际市场和资源来扩大相关产业的发展规模，还有助于提升中国高铁及相关产业的技术水平和自主创新能力。同时，中国高铁应形成并完善自己的技术标准，广泛推广自身的高铁技术标准，增强中国高铁在国际上的影响力。

3. 推行高铁产业多元化的投融资方式

高铁建设需要巨额投资，常常导致企业债务累累。在高铁建设过程中，大量资金被用于房屋建设、机车及相关辅助设备生产、铁路铺设等方面。目前，我国高铁每年需要约 7 000 亿元的资金投入，而高铁运营的年收入中只有约 550 亿元可用于建设，远不足以满足资金需求。为弥补资金缺口，建设企业主要通过银行贷款、发行企业内部债券或短期集资债券等方式来筹集资金。政府应增加对高铁建设的资金支持，并推广多元化的投融资方式。否则，高铁建设企业不得不依赖贷款和债券发行等方式，这不利于我国高铁产业的发展，也不符合我国"一带一路"倡议。随着高铁网络的逐步完善，客流量不断增长，高铁车站及其周边沿线地区有巨大的商业开发潜力。地方政府应充分利用高铁资源，加强资本运作，这也是当前重要的研究课题。高铁的发展应基于运输市场，实现与资本市场的有效对接，通过资本市场获得更多的建设资金。同时，地方政府还需加快改善治理结构，实现投资主体多元化，拓展高铁发展的空间,提升品牌效应,增强高铁的盈利能力。根据不同的融资方案,可采用股权融资、债权融资等多种方式。在高铁路网形成阶段,主要依靠政府支持。随着高铁网络逐步完善并进入成长期,高铁的盈利能力将逐步提高,为市场价值的发挥奠定了基础。在此阶段,要充分利用资本市场来推动高铁产业,通过并购重组发挥规模经济和范围经济效应,提升其市场竞争力。

3.5 本章小结

本章首先从高铁建筑业、动车制造业、信息与通信业、运营与维护业分别入手,并以各个产业主要企业为案例,运用 SPSS 软件分析了高铁主导产业的发展情况及高铁建设对高铁产业自身的影响。其次,将中国高铁产业技术标准与国外主要国家、地区和组织的高铁产业技术标准进行了对比分析,回顾了中国高铁的技术创新历程,并利用 SWOT 分析方法,剖析了中国高铁产业的优势、劣势、机遇和挑战。

目前,我国已成为世界上高铁里程最长、运输密度最大、成网运营场景最复杂的国家。在高速铁路飞速发展的背景下,与其紧密相关的高铁建筑业、动车制造业、信息与通信业、运营与维护业、行业标准和组织也因此得到了良好的发展。经由"一带一路"倡议的推动,我国高铁产业在国际市场的竞争中具有规模最大、技术先进、安全可靠、兼容性好和建设周期短等优势;但同时,核心技术自主研发能力差、专利申请参差不齐、知识产权保护意识不强、管理经验不足、专业人才缺乏、建设成本较高等问题也让中国高铁在未来发展中面临了一定的挑战。因此,我们必须不断推进我国高铁技术标准体系的国际化,深化高铁产业核心技术的研发,并进一步推行高铁产业多元化的投融资方式,进而扩大中国高铁产业的品牌影响力,促进世界对中国高铁产业更为全面的认识,以应对激烈的国际竞争。

第 4 章
高铁拉动与衍生产业

4.1 高铁拉动与衍生产业构成

区域产业经济的发展会受到高速铁路的建设施工及其运营过程中体现出来的社会效用的影响。这些社会效用包括高速铁路的网络效用、外部溢出性效用、低成本运输效用、可达性强效用和较强的服务效用等。

4.1.1 高铁对上游产业链的影响

我国高铁投资规模大、产业链长,可以拉动钢材、水泥等其他建材的有效需求。这对于扩大就业、提高中低收入者的收入水平、促进消费增长均具有重要作用。据经济规划部门统计,高铁每亿元投资,平均消耗 0.333 万 t 钢材、2 万 t 水泥、3.11 万 t 沙土、5.16 万 m^3 石头以及 0.085 亿元设备,人工方面则消耗 22.86 万工时。高速铁路建设会引发大量相应的投资需求,不仅能直接增加建筑材料(如水泥、钢铁等)的消耗,还能促使资本密集型高端制造业、电气机械及器材制造业、金属制品业、地方建筑业的效益增加。

4.1.2 高铁对下游产业链的影响

高速铁路开通运营产生的运输效应作用于不同区域间,不仅能提升区域交通的可达性,还能加快技术、信息等生产要素的流动,从而进一步带动沿线交通运输及物流业、租赁和商务服务业、餐饮业、房地产业等第三产业的发展。高铁衍生产业主要包括机械、建筑、计算机、精密仪器、房地产业、餐饮业、租赁和商务服务业等。高铁能够促进这些衍生产业的结构优化升级,也能带动新材料和信息产业的发展,还能对沿线区域经济的布局优化产生积极影响。

4.1.3 高铁对相关产业的拉动作用

1. 高速铁路建设投资对相关产业的拉动作用机理

高速铁路建设属于重大基建项目,对第二产业的需求量非常大。在高速铁路建设阶段,需要进行隧道、桥梁和车站的建设及大量的线路轨道铺设,并采购相应的机车设备和相关运营设备。这一阶段是高速铁路沿线产业投资需求的高峰期,高铁建设对水泥、钢铁和建筑材料的需求量巨大,从而为沿线产业创造经济效益,促进相关行业的发展。影响高铁建设的主要产业包括建筑业和工业,以及涉及车辆、机车、铁路枢纽起重设备、电气化信息信号设备和计算机列车运行控制系统等的制造业。同时,高速铁路的建设需求会拉动相关产业产品的生产需求,进而带动这些产品原材料产业的发展。例如,中国中车株洲机车车辆制造厂为武广高铁提供机车车辆,而生产机车车辆需要大量的钢铁等原材料;又如,为了维护高铁的正常运营,需要耗费大量的零件和耗材,高速列车由超过4万个零部件和140多个独立子系统组成,这些设备的维修需求每年达到数百亿元。高铁运营的直接影响是加速生产要素的流动,提高客运量。

2. 高速铁路开通运营后对相关产业的拉动作用机理

高速铁路开通运营后,会带来所经区域的旅客数量增加,旅客在高速铁路沿线当地的消费行为必然会刺激沿线区域的租赁和旅游业等服务型行业的发展。而服务型行业的发展状况反过来也会影响区域内高速铁路的客运量,其发展状况越完善,越能吸引区域内外的旅客,从而进一步增加客运量。如此便形成了高铁运营—客运量增加—第三产业发展—客运量继续增加的正向循环。这个循环过程显示了高铁间接投资对沿线产业发展的拉动作用。高速铁路具有安全、舒适和高速的特性,它能够在保持高质量服务的前提下大大缩短旅客的旅行时间,还能够吸引大量客流,提高旅客的出行意愿,从而促进商业服务业的发展。高铁带来的大量客流聚集在沿线车站附近。为了能给旅客提供便利的饮食和住宿,由此便推动了沿线各站的住宿和餐饮业的发展。另外,高铁的高可达性降低了旅行时间成本,促进了交通运输、仓储及邮政业的发展;同时,通过缩短城际间的空间距离,也推动了高铁站点区域房地产业的发展。

4.2 高铁投资和建设对产业的拉动作用分析

4.2.1 投入产出模型

投入产出模型可分为实物型投入产出模型和价值型投入产出模型,二者的对比情况如表4-1所列。

表4-1 投入产出模型对比

模型	内容	适用范围
实物型投入产出模型	以各种产品为对象,按照不同的实物计量单位编制出来	适用范围较窄,只能体现各产业的实物流动过程
价值型投入产出模型	将国民经济系统划分为若干个子系统——产业门类,以货币形式计算出来的具体数据	适用范围较广,能同时体现出各个产业的实物流动过程和价值流动过程

通过表4-1可以看出,价值型投入产出模型的适用范围更广。因此,选择价值型投入产出模型来研究高铁对衍生产业的拉动作用。

价值型投入产出表结构如表4-2所列。

表4-2 价值型投入产出表结构

投入	产出					
	部门1 中间产出	部门2 中间产出	...	部门n 中间产出	最终 产出	总产出
部门1中间投入	x_{11}	x_{12}	...	x_{1n}	y_1	x_1
部门2中间投入	x_{21}	x_{22}	...	x_{2n}	y_2	x_2
⋮	⋮	⋮	⋮	⋮	⋮	⋮
部门n中间投入	x_{n1}	x_{n2}	...	x_{nn}	y_n	x_n
中间投入(土建费用)	v_1	v_2	...	v_n		
劳动者报酬	m_1	m_2	...	m_n		
生产税、营业盈余及固定资产折旧	r_1	r_2	...	r_n		
合计	z_1	z_2	...	z_n		
总投入	x_1	x_2	...	x_n		

按照投入与产出相平衡的原则,主要满足4个条件。

条件1:从投入产出表中的横行来看,描述的是各生产部门的中间产品的产出、总产品的产出以及最终产品的产出之间的平衡关系,可用下列方程组表示:

$$\begin{cases} x_{11}+x_{12}+\cdots+x_{1n}+y_1=x_1 \\ x_{21}+x_{22}+\cdots+x_{2n}+y_2=x_2 \\ \quad\quad\quad\vdots \\ x_{n1}+x_{n2}+\cdots+x_{nn}+y_n=x_n \end{cases} \quad (4-1)$$

方程组(4-1)可简化为

$$\sum_{j=1}^{n} x_{ij}+y_i=x_i \quad (i=1,2,\cdots,n) \quad (4-2)$$

条件2:从投入产出表中的纵列来看,描述的是中间产品的投入量,新创造的价值及各产业总投入间的平衡关系。新创造的价值可用下列方程组表示:

$$\begin{cases} x_{11}+x_{21}+\cdots+x_{n1}+z_1=x_1 \\ x_{12}+x_{22}+\cdots+x_{n2}+z_2=x_2 \\ \quad\quad\quad\vdots \\ x_{1n}+x_{2n}+\cdots+x_{nn}+z_n=x_n \end{cases} \quad (4-3)$$

方程组(4-3)可简化为

$$\sum_{i=1}^{n} x_{ij} + z_j = x_j \quad (j=1, 2, \cdots, n) \tag{4-4}$$

式中，z_j 表示新创造的价值，$z_j = v_j + m_j + r_j (j=1, 2, \cdots, n)$。

条件3：横行的总投入和纵列的总产出在数量上是平衡的，即

$$\sum_{i=1}^{n} x_i = \sum_{j=1}^{n} x_j \quad (i=1, 2, \cdots, n; j=1, 2, \cdots, n) \tag{4-5}$$

条件4：最终产品和新创造价值在数量上也是平衡的，即

$$\sum_{j=1}^{n} z_j = \sum_{i=1}^{n} y_i \quad (i=1, 2, \cdots, n; j=1, 2, \cdots, n) \tag{4-6}$$

按照投入产出分析模型的原理，要计算高速铁路对各关联产业新创造的价值，就需要根据行模型和列模型的计算公式得出具体的指标值。

1. 行模型中总产品和最终产品间的关系

直接消耗系数也叫投入系数或中间投入系数，若 a_{ij} 表示直接消耗系数，则 a_{ij} 是指 j 产业每生产单位 j 产品消耗的 i 产品数量，用公式表示为

$$a_{ij} = \frac{x_{ij}}{x_j} \quad (i, j=1, 2, \cdots, n) \tag{4-7}$$

式中　x_{ij}——j 产业所消耗的 i 产品的数量；

x_j——j 产业的中间总投入量。

a_{ij} 反映 i、j 两产业间的联系强度，值越大，说明两产业间的联系越紧密。将直接消耗系数公式即式(4-7)代入式(4-2)中，得出总产品与最终产品间的关系：

$$\sum_{j=1}^{n} a_{ij} x_j + y_i = x_i \quad (i=1, 2, \cdots, n) \tag{4-8}$$

式中　x_i——总产品；

y_i——最终产品。

式(4-8)变形可得到：

$$\boldsymbol{A} \cdot \boldsymbol{X}_1 + \boldsymbol{Y} = \boldsymbol{X}_1 \tag{4-9}$$

即：

$$\boldsymbol{X}_1 = (\boldsymbol{I} - \boldsymbol{A})^{-1} \cdot \boldsymbol{Y} \tag{4-10}$$

上式中　$\boldsymbol{I}$——单位矩阵；

$\boldsymbol{X}_1$——总产品矩阵，$\boldsymbol{X}_1 = [x_1, x_2, \cdots, x_n]^T$；

$\boldsymbol{Y}$——最终产品矩阵，$\boldsymbol{Y} = [y_1, y_2, \cdots, y_n]^T$；

$\boldsymbol{A}$——直接消耗系数矩阵，$\boldsymbol{A} = \begin{bmatrix} a_{11} & \cdots & a_{1n} \\ \vdots & \ddots & \vdots \\ a_{n1} & \cdots & a_{nn} \end{bmatrix}$。

2. 列模型中各产业部门创造的产值增量和总投入之间的关系

将直接消耗系数公式即式(4-7)代入式(4-4)中,得到总投入量与各产业部门创造的产值增量之间的产品分配方程关系:

$$\sum_{i=1}^{n} a_{ij}x_j + z_j = x_j \quad (j=1,2,\cdots,n) \tag{4-11}$$

式(4-11)可以变形为

$$(\boldsymbol{I}-\boldsymbol{C}) \cdot \boldsymbol{X}_2 = \boldsymbol{Z} \tag{4-12}$$

即

$$\boldsymbol{X}_2 = (\boldsymbol{I}-\boldsymbol{C})^{-1} \cdot \boldsymbol{Z} \tag{4-13}$$

上式中 $\boldsymbol{X}_2$——总投入矩阵,$\boldsymbol{X}_2 = [x_1, x_2, \cdots, x_n]^\mathrm{T}$;

$\boldsymbol{Z}$——各产业部门创造的价值增量矩阵,$\boldsymbol{Z} = [z_1, z_2, \cdots, z_n]^\mathrm{T}$;

$\boldsymbol{C}$——各物质的消耗系数矩阵,$\boldsymbol{C} = \begin{bmatrix} \sum_{i=1}^{n} a_{i1} & 0 & \cdots & 0 \\ 0 & \sum_{i=1}^{n} a_{i2} & \cdots & 0 \\ \vdots & \vdots & \cdots & \vdots \\ 0 & 0 & \cdots & \sum_{i=1}^{n} a_{in} \end{bmatrix}$。

3. 投入产出关系

根据投入产出平衡原理,总产出与总投入在数值上是相等的,即 $\boldsymbol{X}_1 = \boldsymbol{X}_2$。

由式(4-10)和式(4-13)可得:

$$(\boldsymbol{I}-\boldsymbol{A})^{-1} \cdot \boldsymbol{Y} = (\boldsymbol{I}-\boldsymbol{C})^{-1} \cdot \boldsymbol{Z} \tag{4-14}$$

即

$$\boldsymbol{Z} = (\boldsymbol{I}-\boldsymbol{C}) \cdot (\boldsymbol{I}-\boldsymbol{A})^{-1} \cdot \boldsymbol{Y} \tag{4-15}$$

因此,若要计算高速铁路的投资需求对各产业部门创造的产值增量,只需根据国民经济体系各部门生产的最终产品和消耗系数矩阵计算得到。

4.2.2 高铁投资和建设对相关产业的拉动作用分析

按照国务院要求,每5年进行一次全国投入产出调查,因而投入产出表每五年编制一次。投入产出系数相关数据源于2020年153个部门的中国投入产出表,该表中铁路运输和城市轨道交通设备,铁路、道路、隧道和桥梁工程建筑,铁路旅客运输,铁路货物运输和运输辅助活动这4个部门作为独立的部门被分离开来。

1. 高铁与相关产业的联系

表4-3所列为2020年投入产出表中与高铁相关产业在完全消耗系数上排名前十五的部门,即与高铁相关且最重要的供应部门。从完全消耗系数来看,高铁产业对这15个部门

的直接消耗及间接消耗之和最大,联系最为密切,也就是高铁投资的增加对相关行业直接消耗和间接消耗极大,有很强的带动作用。

表4-3 2020年铁路相关产业完全消耗系数

投入产业	产出产业				
	铁路运输和城市轨道交通设备	铁路、道路、隧道和桥梁工程建筑	铁路旅客运输	铁路货物运输和运输辅助活动	合计
货币金融和其他金融服务	0.062 809	0.101 634	0.194 127	0.175 264	0.533 834
电力、热力生产和供应	0.095 071	0.089 06	0.155 955	0.130 416	0.470 504
钢压延产品	0.098 193	0.162 416	0.010 932	0.016 972	0.288 512
铁路运输和城市轨道交通设备	0.161 501	0.001 065	0.057 34	0.057 998	0.277 905
批发	0.112 999	0.071 943	0.030 608	0.029 695	0.245 245
商务服务	0.083 283	0.070 158	0.044 39	0.041 427	0.239 258
电子元器件	0.130 661	0.033 754	0.029 814	0.023 996	0.218 224
专业技术服务	0.017 39	0.178 062	0.006 73	0.006 825	0.209 007
金属制品	0.082 535	0.085 34	0.013 136	0.015 474	0.196 485
铁路货物运输和运输辅助活动	0.010 602	0.007 587	0.096 472	0.069 204	0.183 865
有色金属及其合金	0.120 182	0.027 681	0.016 174	0.015 173	0.179 21
精炼石油和核燃料加工品	0.032 46	0.061 962	0.024 158	0.037 46	0.156 04
有色金属压延加工品	0.093 61	0.017 246	0.011 252	0.010 716	0.132 824
煤炭开采和洗选产品	0.031 684	0.042 158	0.028 357	0.026 133	0.128 332
输配电及控制设备	0.079 491	0.016 826	0.016 689	0.014 863	0.127 869

2. 高铁对各产业总产出的拉动

高铁简单产出乘数的计算方法为:将铁路运输和城市轨道交通设备,铁路、道路、隧道和桥梁工程建筑,铁路旅客运输,铁路货物运输和运输辅助活动这4个部门对其他149个部门的完全消耗系数进行累加(即表4-3合计列进行全部累加;表4-3仅展示影响最大的15个部门)。经计算得到高铁的简单产出乘数为6.896,表示高铁每提供1个单位的投资,能够对各相关产业产生6.896个单位的总需求量。

由于2020年数据不完整,故本部分采用2017年的数据进行分析。2017年,我国铁路固定资产总投资规模为8 230.08亿元;2012年之后,高铁投资增速趋于平稳,并向内陆板块连线展开。据中国铁路总公司"国家铁路主要指标完成情况"统计,2011年以后,我国铁路基本建设投资绝大部分投向了高铁建设。因此,可以将2017年我国铁路固定资产总投资作为高铁投资来计算。按照式(4-15)即可计算出高铁投资对各部门产出的拉动。

2017年高铁投资额为8 230.08亿元,对149个部门总产出变动合计56 754.631 7亿元。其中,对于总产出增加最多的排名前十五位的行业共拉动29 523.759 4亿元,约占全行业总产出变动的52.02%。高铁投入对第二产业总产出的影响极大,第二产业总产出变动合计30 983.794 2亿元,约占全行业总产出变动的54.59%;对第三产业总产出的拉动共计25 004.967 6亿元,约占全行业总产出变动的44.06%;对第一产业基本没有拉动作用(图4-1)。

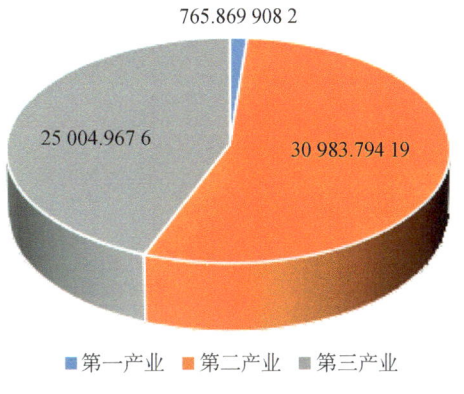

图4-1 高铁投资建设对三个产业的拉动作用

由此可见,高铁的建设投资对铁路建筑业、交通运输设备制造业、通用专用设备制造业等产业的直接经济拉动效应较大。

高铁的建设投资拉动了铁路建筑业、轨道交通装备制造业和通信信号制造业等产业经济规模的提升,促进了产业技术升级。中国高铁技术经济的溢出效应正在逐步显现。

4.3 高铁开通运营后对相关产业的拉动作用分析

高速铁路开通运营后对第一产业、第二产业和第三产业都会产生影响,但对第一产业和第二产业来说,这种影响主要是通过生产要素的快速流动来实现的。其中,第一产业(即农林牧渔业)的传播受到的影响较小,而第二产业主要是受高速铁路建设阶段展现出的聚集效应影响。由于高铁运营所带来的影响是间接的,很难进行明确的区分和定义。因此,我们将对高速铁路运营期间客运量变化对沿线第三产业相关产业的影响进行重点讨论,选取高速铁路枢纽城市作为研究对象来探讨高速铁路发展对第三产业的影响。根据国家高速铁路网规划,我们选取郑州、西安、武汉3座城市作为研究对象。

4.3.1 偏离-份额模型

1. 传统偏离-份额模型

偏离-份额模型将某地区某产业的增长拆分成3个分量,即:份额分量W_{ij}、产业结构分量S_{ij}与竞争力分量C_{ij}。份额分量W_{ij}为根据全国各产业的平均增长速度产生的增量。产业结构分量S_{ij}为i地区j产业的平均增长速度和全国各产业的平均增长速度之差产生的增量,显示了j产业的增长速度与全国各产业平均增长速度相比较的结果。竞争力分量C_{ij}为i地区j产业的增长速度和全国j产业的平均增长速度之差产生的增量,反映该地区该产业与全国该产业平均增长水平相比较的结果[33]。

份额分量W_{ij}、产业结构分量S_{ij}和竞争力分量C_{ij}可表示为

$$\begin{cases} W_{ij} = X_{ij}^0 \cdot l \\ S_{ij} = X_{ij}^0 \cdot (l_j - l) \\ C_{ij} = X_{ij}^0 \cdot (l_{ij} - l_j) \\ l = \sum_{i=1}^{m} \sum_{j=1}^{n} (X_{ij}^t - X_{ij}^0) / \sum_{i=1}^{m} \sum_{j=1}^{n} X_{ij}^0 \\ l_j = \sum_{i=1}^{m} \sum_{j=1}^{n} (X_{ij}^t - X_{ij}^0) / \sum_{j=1}^{n} X_{ij}^0 \\ l_{ij} = (X_{ij}^t - X_{ij}^0) / X_{ij}^0 \end{cases} \quad (4-16)$$

式中 X_{ij}^0——j 产业在 i 地区的初始经济量，$i=1,2,\cdots,m$；$j=1,2,\cdots,n$。

l——标准增长率。

l_j——j 产业的结构效应增长率。

l_{ij}——j 产业在 i 地区的实际增长率。

X_{ij}^t——i 地区 j 产业在 t 时期末的经济量。

t 时期内的经济增量 Z_{ij} 为

$$Z_{ij} = W_{ij} + S_{ij} + C_{ij} \quad (4-17)$$

因此，

$$Z_{ij} = X_{ij}^t - X_{ij}^0 = X_{ij}^0 \cdot l + X_{ij}^0 (l_j - l) + X_{ij}^0 (l_{ij} - l_j) \quad (4-18)$$

2. 偏离-份额空间结构模型

偏离-份额空间结构模型是在空间权重矩阵的基础上对传统偏离-份额模型进行改进。正因为考虑了空间增长因素，因此该改进模型可以较好地利用数据信息来研究产业对区域经济发展的影响及动态结构变化。空间权重矩阵 $\boldsymbol{A}$ 体现了区域之间联系的强度，其中元素 n_{ik} 表示地区 i 和地区 k 之间的联系强度，n_{ik} 的值越大，说明地区间的联系越紧密[34]。

$$\boldsymbol{A} = \begin{bmatrix} 0 & n_{12} & \cdots & n_{1k} \\ n_{21} & 0 & \cdots & n_{2k} \\ \vdots & \vdots & 0 & \vdots \\ n_{k1} & n_{k2} & \cdots & 0 \end{bmatrix} \quad (4-19)$$

$$n_{ik} = \frac{\frac{1}{|X_i - X_k|}}{\sum 1/|X_i - X_k|} \quad (i \neq k) \quad (4-20)$$

式中，X_i，X_k 可以表示人均国内生产总值（GDP）、从业人员占比等经济指标。

随着高速铁路运营带来的客运量增长，地区 f 与地区 k 之间的联系不断增强，同时，旅客的经济活动能够使不同地区的第三产业产值得到提升。因此，引入单位客运量产生的第三产业产值变量即 n_{ik} 来反映地区间的联系强度。当单位客运量产生的第三产业产值越大时,表示地区间的联系越紧密;反之亦然。产业结构增长率可用式(4-21)表示。[34]

$$L_j = \frac{\sum_{k \in v} n_{ik} \cdot X_{jk}^t - \sum_{k \in v} n_{ik} \cdot X_{jk}}{\sum_{k \in v} n_{ik} \cdot X_{jk}} \quad (4-21)$$

式中　L_j ——j 产业的产业结构增长率;

　　　n_{ik} ——单位客运量产生的第三产业产值;

　　　X_{jk} ——j 产业在 k 地区的经济变量;

　　　X_{jk}^t ——t 时期内 j 产业在 k 地区的经济变量。

因此,产业结构分量和竞争力分量可以被改写为

$$\begin{cases} S_{ij}^t = X_{ij}(L_j - l) \\ C_{ij}^t = X_{ij}(L_j - l) \end{cases} \quad (4-22)$$

通过对产业结构分量和竞争力分量的分析,选取高铁开通年份作为节点,测算得到高铁开通后 t 时期内的经济增量,即为高速铁路开通在 t 时期内对 j 产业在 i 地区的扩散效应产生的效益,表达式如下[34]:

$$Z_{ij}^t = W_{ij} + S_{ij}^t + C_{ij}^t \quad (4-23)$$

3. 模型假设

(1) 将第三产业中的旅游业、房地产业与交通运输、仓储及邮政业作为研究对象,选取高速铁路枢纽城市郑州、西安和武汉这 3 个主要通过高铁发展起来的城市进行研究。

(2) 前文解释了以单位客运量产生的第三产业产值作为基准进行空间权重矩阵计算的合理性。鉴于武汉、西安、郑州创造的第三产业产值与城市客运量和城市规模有关,高速铁路运营是影响第三产业的主要因素之一。因此,在忽略其他外部影响因素的情况下,将高速铁路运营视为沿线产业变化的因素,将单位客运量产生的第三产业产值作为反映第三产业中的旅游业、房地产业与交通运输、仓储及邮政业服务变化的基数,以高铁开通前和运营后的不同时间段作对比进行产业结构分析,并将其代入空间权重矩阵的计算公式中[34]。

(3) 各自研究期内权重矩阵元素的变化忽略不计。

4. 空间权重矩阵的计算

由各省份统计年鉴数据,可以计算得到高速铁路沿线主要枢纽城市人均客运发送量创造的第三产业产值,具体数据见表4-4。

表4-4 高铁沿线枢纽城市人均客运发送量创造的第三产业产值　　　　　单位：元/人

枢纽城市	年份											
	2006	2007	2008	2009	2010	2011	2012	2013	2014	2015	2016	2017
郑州	3 883	4 801	4 822	5 318	5 825	6 755	7 288	7 441	7 602	8 178	8 535	9 153
西安	3 983	4 169	4 601	5 683	6 276	7 387	8 283	8 876	8 782	8 676	9 170	10 209
武汉	1 511	1 686	2 061	237	2 822	3 290	4 188	3 568	3 511	3 689	3 840	3 951

注：数据源于郑州、武汉、西安的统计年鉴。

将表4-4中的数据代入式(4-19)，可分别计算得到2009年(高铁开通前)和2017年(高铁开通后)的空间权重矩阵，结果如表4-5、表4-6所列。

表4-5　2009年的空间权重矩阵

	郑州	西安	武汉
郑州	0.000	0.890	0.110
西安	0.901	0.000	0.099
武汉	0.000	0.000	0.000

表4-6　2017年的空间权重矩阵

	郑州	西安	武汉
郑州	0.000	0.831	0.169
西安	0.856	0.000	0.144
武汉	0.546	0.454	0.000

表4-7所示为高铁开通运营前后高铁沿线主要枢纽城市的空间权重矩阵的变化情况。表4-7中的行代表城市，列代表对第三产业波及作用的影响程度，"0"表示第三产业在城市间没有影响，"＋"表示第三产业在城市间的波及作用增强，"－"表示第三产业在城市间的波及作用减弱。

表4-7　高速铁路对枢纽城市的第三产业影响变化

	郑州	西安	武汉
郑州	0	－	＋
西安	－	0	＋
武汉	＋	＋	0

从表4-7可知，郑州对西安的波及作用是减弱的，郑州对武汉的波及作用是增强的，表明高铁开通后，郑州的第三产业对西安的经济联系强度是减弱的，对武汉的经济联系强度却是加强的。同理，西安的第三产业对武汉的经济联系强度是加强的，而对郑州的经济联系强度是减弱的；武汉的第三产业对郑州和西安的经济联系强度均是加强的。由于武汉位于我

国中部地区,其高铁网络较为发达,因此高铁发展对武汉第三产业的影响最大。

4.3.2 高铁对沿线产业的效益影响计算

经查询得到郑州、西安、武汉的房地产业、旅游业与交通运输、仓储及邮政业的增加值如表4-8所列。采用偏离-份额空间结构模型进行计算时,首先计算标准增长率,然后计算 j 产业的结构效应增长率和该产业在 i 地区的实际增长率。

表4-8　2010—2017年房地产业、旅游业和交通运输、仓储及邮政业的增加值　　单位:亿元

枢纽城市	产业		
	交通运输、仓储及邮政业	房地产业	旅游业
郑州	260	423	243
西安	198	224	185
武汉	231	881	218

通过计算得到标准增长率 l 为139.48%,产业结构效应增长率如表4-9所列,实际增长率如表4-10所列。

表4-9　产业结构效应增长率

产业结构效应增长率	交通运输、仓储及邮政业	房地产业	旅游业
L_j	98.38%	169.42%	158.20%

表4-10　实际增长率 l_{ij}

枢纽城市	交通运输、仓储及邮政业	房地产业	旅游业
郑州	99.52%	225.07%	207.44%
西安	146.15%	120.29%	180.33%
武汉	76.06%	165.50%	115.57%

用前述公式计算出2010—2017年即郑西高速铁路开通后3个枢纽城市的份额分量 W_{ij}、行业结构分量 S_{ij} 及竞争力分量 C_{ij},结果如表4-11所列。

表4-11　2010—2017年3个枢纽城市的份额分量、产业结构分量和竞争力分量

枢纽城市	交通运输、仓储及邮政业			房地产业			旅游业		
	W_{ij}	S_{ij}	C_{ij}	W_{ij}	S_{ij}	C_{ij}	W_{ij}	S_{ij}	C_{ij}
郑州	365	−107	3	262	56	105	163	22	58
西安	189	−56	65	260	56	−92	143	19	23
武汉	423	−125	−68	463	99	−13	263	35	−80

对模型中的各分量进行分析,可以看出:在交通运输、仓储及邮政业以及房地产业和旅

游业的份额分量中比重最大的均是武汉,表示这三种产业在武汉的增长量最明显。而武汉在交通运输、仓储及邮政业和旅游业方面的竞争力分量均为负值,表明武汉的交通运输、仓储及邮政业、旅游业对于外部因素如高速铁路的开通运营的依赖性较小,竞争力相对较弱。另外,西安和武汉的房地产业的竞争力分量为负值,说明高速铁路的开通运营等外部因素对西安和武汉的房地产业的竞争力的影响最弱。

同一产业在不同区域的横向对比分析:根据表4-12的数据可知,房地产业在郑州和武汉的贡献率均超过了50%,说明高铁开通运营后对武汉及郑州房地产业的拉动作用较为明显;对于交通运输、仓储及邮政业来说,西安的交通运输、仓储及邮政业受高铁开通运营的影响最大;就3个枢纽城市而言,高铁开通运营对其旅游业的拉动作用都很显著。

表4-12 高铁沿线主要枢纽城市产业扩散效应产生的效益及贡献率

枢纽城市	交通运输、仓储及邮政业		房地产业		旅游业	
	效益	贡献率	效益	贡献率	效益	贡献率
郑州	261	49.88%	423	69.24%	243	67.47%
西安	198	59.37%	224	40.75%	185	64.33%
武汉	230	43.20%	549	62.33%	218	53.61%

同一区域不同产业的纵向对比分析:就3个枢纽城市而言,交通运输、仓储及邮政业,房地产业及旅游业因扩散效应产生的收益对实际产业增长量所作出的贡献率变化如图4-2所示(2017年与2010年比较)。

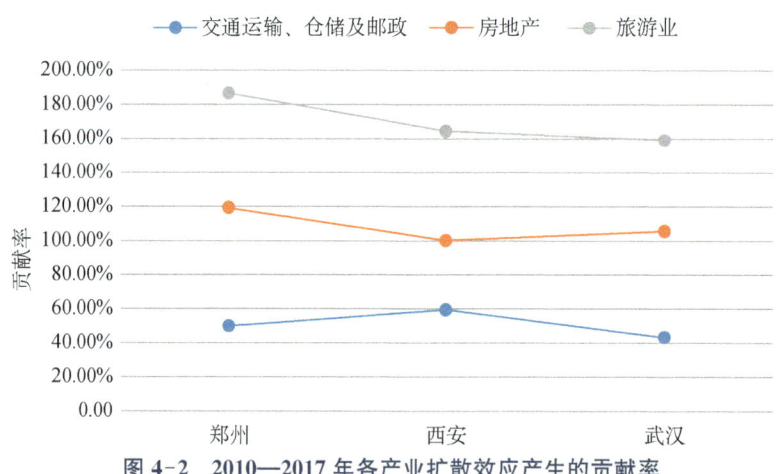

图4-2 2010—2017年各产业扩散效应产生的贡献率

由图4-2可知,高速铁路的开通运营对旅游业的拉动作用最强,对交通运输、仓储及邮政业的拉动作用最弱。

4.4 本章小结

本章首先利用投入产出模型分析了高铁投资建设对相关产业的拉动作用,其次采用偏离-份额空间结构模型计算得到了高速铁路开通运营后对沿线相关产业的效益影响结果。

高铁在建设和运营阶段可以创造低成本运输效益、外部溢出效益、便捷可及性效益、强劲的服务效益以及高铁网络效益等一系列社会效益。这些社会效益对区域产业经济发展非常重要,也对高铁相关产业产生影响。高铁建设会带来更多的投资需求,例如直接促进水泥、钢铁和建筑材料的消耗,同时也促进了资本密集型高端制造业、电气机械及设备制造业、金属制品业及地方建筑业效益的提升。另外,高铁开通运营还推动了区域间的交通可达性,同时,也加快了技术、信息等生产要素的流动,并带动了沿线交通运输、仓储及物流业、旅游业和房地产业等第三产业的发展。同时,我国高速铁路技术经由自主研发,已实现了变革和技术创新。因此,高速铁路不仅影响了其上游和下游企业,还促进了企业效益的增加[34]。

第 5 章
高铁产业组织

近年来,高铁作为一种高效安全、节能环保的交通运输方式逐渐受到众多国家的青睐。据《2017—2022 年中国高铁行业发展现状调研与发展趋势分析报告》显示,目前全球规划建设高铁的国家有 20 个以上,规划里程超 5 万 km,且绝大多数建设项目还处在前期可行性研究阶段,投资潜力巨大。许多国家需要高铁,但是自身没有技术,只能依托国际市场,而拥有大量资本和高新技术的高铁装备企业不仅要满足本地市场所需,还想要在全球市场上获得一席之地。因此,采用 SCP 范式来研究全球高铁产业的市场结构、市场行为和市场绩效,有利于我们了解全球市场的发展状况,同时也能为政府和高铁的买卖双方提供相应的指导。

5.1 产业组织理论概述

产业可以分为经济产业与普查产业。经济产业是指那些生产相似产品或替代产品的企业的集合,这里的相似产品或替代产品意味着它们给消费者带来的效用相似或相近。普查产业是指根据供给(如生产工艺或原材料)而非需求来进行行业划分。例如,从效用角度来看,高铁与飞机可以归入同一个经济产业,因为它们都可以提供高质量的出行服务;但是,由于生产工艺或原材料的不同,飞机与高铁分属不同的普查产业。

产业组织是指同一产业内企业之间的市场关系和组织形态。产业组织理论主要研究企业、市场结构以及它们之间的相互作用关系。产业组织研究方法以 SCP 范式为主。另外,价格理论也较为流行。它使用微观经济学模型解释企业的市场行为和市场结构,其常见应用主要包括交易成本或交易费用分析、博弈论和可竞争市场分析等,这些分析方法也可以与 SCP 范式相结合,帮助解释和理解"结构、行为、绩效"之间的关系。本章以 SCP 范式作为研究方法。

5.1.1 SCP 范式的主要内容

产业组织理论起源于 20 世纪 30 年代,主要利用微观经济学的理论和方法来研究企业、市场以及它们之间的垄断或竞争关系,探讨价格机制的约束和优化条件,在提高市场运行效率方面提供了依据和指导。根据"结构-行为-绩效"方法,产业的绩效(即产业为消费者提供产品的成功性)依赖于企业的市场行为,而企业的市场行为又依赖于产业或市场结构(决定市场竞争程度的因素),产业结构则依赖于类似生产技术、需求弹性等基本条件。例如,在平均生产成本递减的技术性产业中,企业的数量通常较少;如果某一产业中,只存在一个企业(垄断),那么该企业可以设定一个高于边际成本的价格;如果一些基本条件使得消费者对垄断产品的需求缺乏弹性,或者说,消费者对于价格不敏感,那么该市场上的产品价格就会高于相对有弹性的情况(消费者对价格敏感)。

图5-1给出了市场结构、市场行为和市场绩效之间的关系,并说明了它们与基本条件和政府政策之间是如何相互作用的。各要素之间的关系较为复杂。例如,政府管制会影响产业中销售者的数量,企业会影响政府政策以期获得更高的利润。与之类似,如果进入壁垒导致垄断和垄断利润,那么新的产业会开发新的替代产品,从而影响原有产品的市场需求。使用该分析框架开展实证研究,通常需要获得产业层面的数据。

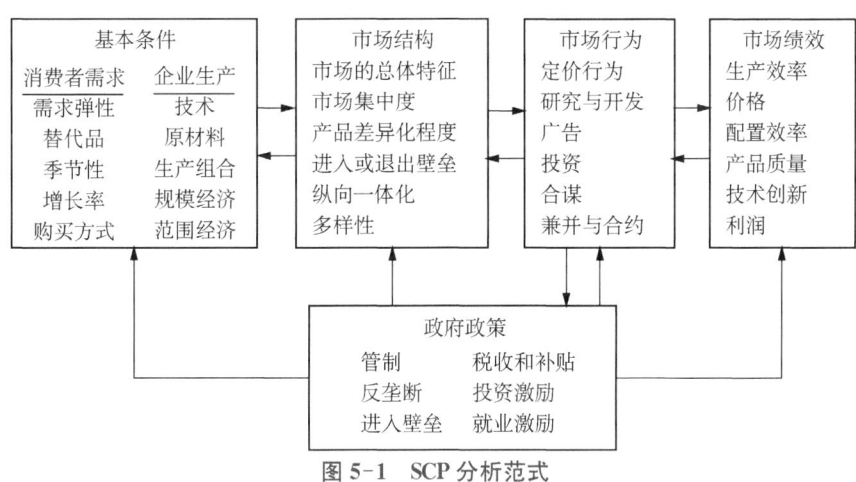

图 5-1 SCP 分析范式

5.1.2 SCP 范式的演变

产业组织理论的 SCP 范式研究可以划分为两个阶段:第一个阶段是在 20 世纪 70 年代之前出现的传统产业组织理论(Traditional Industrial Organization,TIO),代表学派包括哈佛学派、芝加哥学派和新奥地利学派,这几个学派的贡献在于提出 SCP 范式以及对其进行不断修正和完善;第二个阶段是在 20 世纪 70 年代之后出现的新产业组织理论(New Industrial Organization,NIO),主要包括策略性行为理论、产品差异化理论和可竞争市场理论等[34]。

1. SCP 范式的提出——哈佛学派

20 世纪 30 年代,哈佛大学的学者们创立了 SCP 研究范式,它是进行产业组织分析的理论工具。梅森教授对该理论范式做了系统化的表述。1938 年,梅森教授在哈佛大学创建了产业组织研究小组,通过对各大经典案例的分析,研究了市场竞争过程中的组织结构、竞争行为方式及市场竞争结果,最终出版了专著《大企业的生产价格政策》。20 世纪 50 年代末,乔·贝恩系统性地阐述了产业组织理论,并出版了第一本教材《产业组织》。在《产业组织》一书中,乔·贝恩运用产业经济分析方法,从结构、行为、绩效三个方面对抽象的产业组织进行了实证研究,并形成了"市场结构-市场行为-市场绩效"的 SCP 框架,为产业组织分析提供了系统化框架。继 SCP 框架之后,乔·贝恩又提出了产业组织政策,如此一来使得产业组织理论更加规范化,他也成了产业组织理论的集大成者。SCP 范式在实证研究市场结构、市场行为和整个产业的市场绩效方面有重要的理论意义和现实指导价值[34]。哈佛学派的其他学者们也基本遵循了梅森等人提出的 SCP 范式,他们对于市场结构的研究主要集中在以下几个方面:市场集中度、产品差异化、规模经济和范围经济、市场进入障碍和政府管制等。在企业市场行为方面,他们研究了合谋和策略性行为、广告和研发等内容。对于市场绩效的描述,主要涵盖了资源配置效率、利润率和技术创新等。哈佛学派认为,市场结构是产业组织分析中的关键因素,它决定了市场行为的规范性和市场绩效的合理性。三者之间的关系可简述为:市场结构决定市场行为,市场行为又决定了企业所获经济绩效的多少。因此,为了获得较好的市场绩效,必须积极优化市场结构,并规范和调整企业的市场行为。由于 SCP 范式主要强调市场结构的作用,因此哈佛学派也被称为"结构主义学派"。他们主张市场结构、市场行为和市场绩效之间存在单向正相关关系,可简单表述为:市场结构→市场行为→市场绩效[34]。

SCP 范式的基本原则是将完全垄断和完全竞争作为分析基准的两级,其他的市场结构大多处于这一分析基准内。因此,衡量市场结构的一个关键标准是市场集中度,即一个产业中几家最大的企业拥有的市场份额比例。SCP 范式的重要任务之一,是利用统计学方法来检验市场绩效和市场结构关系的各种假设。SCP 分析范式为最早的产业组织理论研究和实证检验提供了基本框架,使产业组织理论能够在正确且规范的道路上继续发展。然而,乔·贝恩未对 SCP 范式做进一步的总结概括,也未对其进行更为本质和抽象化的阐述。1970年,谢勒出版了《产业市场结构和市场绩效》一书,在书中对 SCP 范式的不足做了完善和补充,并进行了系统性的阐述,不仅强调了产业基本条件对市场结构和市场行为的影响,还强调了企业的市场行为作用于产业基本条件和市场结构的反馈效应[34]。

2. 对 SCP 范式的质疑与批评——芝加哥学派和新奥地利学派

1) 芝加哥学派

哈佛学派关于市场结构、市场行为和市场绩效之间的单向正相关关系的主张是依靠理论推导和经验性分析得出的,该研究结论在很大程度上依赖于变量的设定、时间和条件。由于传统的 SCP 范式缺乏严密的理论论证和对市场行为的分析,因而受到了许多学者的质疑和批评。芝加哥学派的产业组织理论正是在对哈佛学派的质疑和批评过程中发展起来的。

20 世纪 50 年代末 60 年代初,自 SCP 分析范式的框架形成之后,以芝加哥大学为首的许多大学的学者们对其进行了持续且全面的剖析和研究。其中,芝加哥大学的斯蒂格勒和德姆塞茨等人提出了与哈佛学派相反的观点。他们认为,在市场结构、市场行为和市场绩效中,市场绩效才是最重要的因素,并且不是市场结构通过调节市场行为决定市场绩效,而是市场绩效的变化决定企业的市场行为,市场行为再对市场结构产生调节作用;同时,三者之间互为因果关系,即市场结构↔市场行为↔市场绩效。由此形成了芝加哥学派的理论框架。芝加哥学派提出,市场绩效是决定市场行为和市场结构的核心因素,即一个市场的效率和效能在很大程度上影响着市场中的各类行为和整体结构。企业所追求的高集中度的市场结构是通过高效运营和降低成本来实现的。在自由竞争的市场环境下,高效运营可以很好地自动调节企业数量,阻止大量潜在竞争者的进入,从而使企业能够保持高利润率。因此,与强调政府管制的哈佛学派不同,芝加哥学派主张市场自由竞争,认为市场应自主发挥资源配置作用,实现优胜劣汰。政府干预应尽量减少,因为市场这只"无形的手"会努力使资源实现最佳配置,从而满足消费者的需求,达到消费者的帕累托最优状态。但当市场的自由竞争导致行业过度集中,形成垄断,进而限制了产业的优化发展和新技术的应用时,政府必须介入。

以乔治·斯蒂格勒等人为代表的芝加哥学派,根植于新古典价格理论,强调严谨的理论分析和经验检验。该学派不仅在产业组织理论的方法论的完整性和科学性方面作出了重要贡献,而且通过对纵向限制、兼并、掠夺性定价、规模经济、公共规制和进入障碍等多个方面的论述,给反托拉斯政策造成了影响。芝加哥学派挑战了哈佛学派关于市场结构、市场行为和市场绩效之间简单因果关系的理论框架,强调在市场自由竞争中企业能获得高效率。该学派基于市场理论和价格机制的基本假设,深入探讨了市场结构、市场行为和市场绩效之间复杂的非线性关系。此外,美国经济学家鲍莫尔、帕恩查和韦利格等人在1982年出版的《可竞争市场与产业结构理论》一书中,深入分析了市场的可竞争性,提出了沉没成本等概念,并对贝恩的进入壁垒理论进行了严厉的批评。同时,该书也成为可竞争市场理论形成的标志。可竞争市场理论通过重新定义企业规模经济和范围经济,证明即使在自然垄断条件下,潜在进入者的存在也能迫使现有企业设定接近完全竞争的价格,而无法持续获得超额利润。这一理论进一步丰富了芝加哥学派的观点[34]。

2) 新奥地利学派

新奥地利学派(Neo-Austrian School)是20世纪七八十年代在美国和英国等国家兴起的产业经济学流派之一,也是芝加哥学派之后又一个颇具影响力的产业组织理论学派。新奥地利学派认为,市场竞争不仅仅是一个静态的结果,更是一个动态的过程。这种观点强调市场过程的动态特性和企业家在市场中的核心角色,认为市场效率和创新能力源于这种持续的动态竞争。在研究方法上,新奥地利学派不同于哈佛学派的均衡分析方法、芝加哥学派的双向相关分析方法,通过对单个企业的行为和效用进行分析,探讨价格的多因素效果传递。新奥地利学派认为,市场结构、市场行为和市场绩效之间的关系是非线性、复杂的因果关系[34]。

3. SCP范式的完善与发展——新产业组织理论及新制度经济学派

1) 新产业组织理论

由于传统产业组织理论中的SCP范式存在无法与微观经济学理论相结合的先天性缺陷,导致其逐渐衰落。20世纪八九十年代,产业组织理论进入新的快速发展时期。泰勒尔和普拉特等学者引入了网络博弈、合作-非合作混合博弈、实验方法以及宏观经济学中的时间序列分析等方法,从而极大地拓展了产业组织的研究工具。泰勒尔于1988年出版的《产业组织理论》被认为是产业组织方面最具权威性的理论著作,同时也标志着新产业组织理论框架的形成。

新产业组织理论否定了哈佛学派关于市场结构外生性的观点,认为企业并不是被动地对市场环境和外部条件作出反应,而是通过策略性调整行为来改善市场环境、扭转竞争对手的优势,从而排挤竞争对手或阻止新对手进入市场。市场结构和市场绩效被视为企业博弈行为的结果。而且,与传统经验主义不同,新产业组织理论更多地关注建立和检验关于企业行为的各种解释假说的模型,强调企业行为,而不再强调市场结构或市场绩效,只将市场结构视为产业组织的内生变量。

2) 新制度经济学派

新制度经济学派是近年来在产业组织理论研究中逐渐形成的一个重要学派。它以交易费用理论为基础,主要关注制度对经济的影响,又称"后 SCP 流派"。该学派的基础理论由罗纳德·科斯提出,并由道格拉斯·诺斯和奥利弗·威廉姆森等学者进一步发展。新制度经济学派关注经济活动的动态过程,而不仅仅关注静态的市场结果。该学派认为经济效率和创新能力源于持续的制度变革和动态竞争,并主张市场结构、市场行为和市场绩效之间存在复杂的非线性因果关系。新制度经济学派不仅分析企业与市场之间的关系,还深入探讨企业内部的管理和决策过程,为研究产业组织理论提供了更全面的研究视角。与传统产业组织理论过于强调产业内各组织之间的关系不同,新制度经济学派将研究重点放在企业内部,深入分析企业的产权设置和组织结构安排,并探讨这些内部因素如何影响企业行为及市场绩效。该学派突破了原有的从技术角度考察企业和从垄断竞争角度分析市场的观点,进一步深化了产业组织理论和 SCP 范式的研究。新制度经济学派的核心观点是:企业应通过降低生产和交换活动中的各种交易成本,以及建立合理有效的经济制度,来更好地激励经济主体从事更多的生产性活动和创造性活动。如此一来便能促进经济活动中的分工与合作,使资源得到合理配置,最终提升市场绩效、优化资源配置效率,使整个社会的福利水平达到最优[34]。

5.2 高铁产业的市场结构

产业结构或市场结构规定了构成市场的企业之间、企业和消费者之间以及市场上已有企业与准备进入市场的企业之间诸多关系的因素及特征。市场结构包含了供给和需求等各方面要素之间的关系。SCP 范式中与市场结构相关的权变要素非常多,主要包括市场集中度、产品差异度、进入壁垒等。一般而言,市场的基本类型包括完全垄断市场、寡头垄断市场、垄断竞争市场与完全竞争市场这 4 种基本结构形态。本部分主要研究全球高铁装备企业的市场集中度和壁垒。

5.2.1 市场集中度

高铁是一个全球性产业,高铁的制造加工企业及服务企业遍布全球。为了研究全球高铁相关企业的市场结构,本节使用了全球排名前十的高铁上市企业的年报数据中的高铁(或交通部分)销售额,并按照2018年的销售额对各企业进行排序(表5-1),以分析市场集中度。

表5-1 销售额　　　　　　　　　　　　　　　　　　　　单位:亿元

企业	2018年	2017年	2016年
中国中车	2 190.8	2 110.1	2 297.2
庞巴迪(Bombardier)	611.8	558.7	525.4
阿尔斯通(Alstom)	610.3	615.2	538.6
西门子(Siemens)	354.2	267.8	177.3
美国西屋(Wabtec)	299.5	253.6	203.2
克诺尔(Knorr Bremse)	271.7	254.4	218.5
通用电气(GE)	267.5	257.1	318.1
日立铁路(Hitachi Rail)	218.8	211.9	206.1
三一铁路(Trinity Rail)	172.2	156.6	318.3
格林布赖尔(Greenbrier)	139.5	113.9	140.3
合计	5 136.3	4 799.3	4 943.0

注:数据源于各企业每年的年度报表,2017年和2016年的数据以2018年修正的为准,并以每家企业年报数据统计截止日的中行折算价汇率兑换成人民币。

在高铁的全球竞争中,中国中车作为中国企业,经历了快速发展时期,并跃升成为全球第一的高铁装备制造企业。2018年,中国中车的销售额占全球销售额的42.7%,占全球销售额的四成以上,远超其他企业,甚至比销售额排名全球第二的庞巴迪还高出200%以上。

从时间上来看,2016—2018年销售额变化不大。大部分企业的高铁(铁路交通)销售收入有所上升,全球高铁销售额由2016年的4 943亿元上升至2018年的5 136.3亿元,但对于全球市场来说上升幅度并不明显。

如图5-2所示,从2016—2018年排名前5企业的销售额比例数据可以看出,中国中车的销售额占比虽然都在50%以上,但却呈现出逐年下降的趋势,销售额占比由2016年的61.5%降至2018年的53.9%。相反,除中国中车以外的其他4家企业的份额都有所上升。并且由图5-2还可以明显地看出,位列第四、第五名的西门子和美国西屋有较显著的销售额占比提升。这说明在中国中车占领了如今大部分高铁市场的情况下,一些老牌欧美高铁企业正在摩拳擦掌,并想方设法地增加市场份额。

1. 市场集中率

市场集中率是指某行业的相关市场内前 N 家最大的企业所占市场份额的总和,计算公式如下:

$$CR_n = \sum_{i=1}^{n} \frac{X_i}{X} \qquad (5\text{-}1)$$

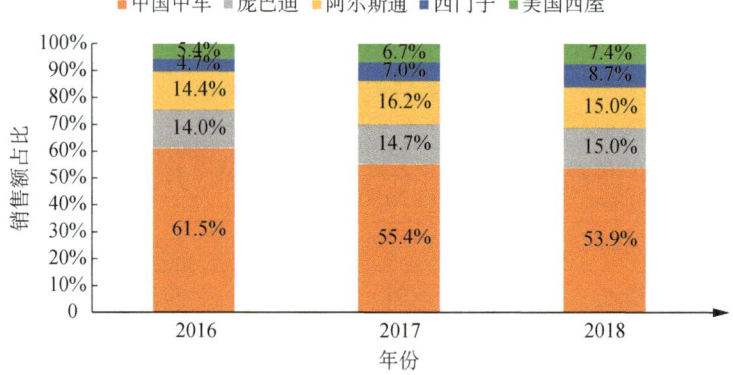

图 5-2 前五企业销售额比例变动情况

式中　n——所有企业数目；
　　　X_i——排名第 i 的企业规模；
　　　X——产业总体规模。

由于每年计算市场集中率的企业排列顺序都不同,所以排列顺序根据每年企业的销售额大小来定。从图 5-3 可以看出,2016—2018 年市场集中率变化不明显,CR_4 在 73%～75%之间浮动,且有略微下降趋势;CR_8 在 93%～95%之间浮动,变化不大。由于 73%＜CR_4＜75%且接近 75%,而 CR_8 远高于 85%,根据贝恩市场结构分类(表 5-2)可以看出,全球高铁属于寡占Ⅱ型(高)市场,即市场垄断程度较高。

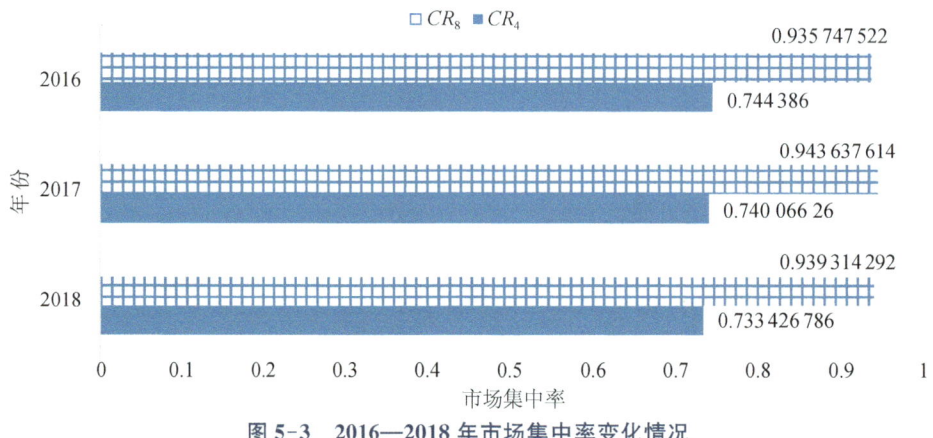

图 5-3　2016—2018 年市场集中率变化情况

表 5-2　贝恩市场结构分类

分类	CR_4	CR_8
寡占Ⅰ型(极高)	85%≤CR_4	—
寡占Ⅱ型(高)	75%≤CR_4＜85%	85%≤CR_8
寡占Ⅲ型	50%≤CR_4＜75%	75%≤CR_8＜85%

(续表)

分类	CR_4	CR_8
寡占Ⅳ型	35%≤CR_4<50%	45%≤CR_8<75%
寡占Ⅴ型	30%≤CR_4<35%	40%≤CR_8<45%
竞争型	CR_4<35%	CR_8<40%

2. 赫芬达尔-赫希曼指数

赫芬达尔-赫希曼指数(Herfindahl-Hirschman Index，HHI)是指一个行业中各市场竞争主体所占行业总收入或总资产百分比的平方和，用来计量市场份额的变化，即市场中厂商规模的离散度。

$$HHI = \sum_{i=1}^{n}\left(\frac{X_i}{X}\right)^2 \tag{5-2}$$

式中　n——所有企业数目；

　　　X_i——排名第 i 的企业规模；

　　　X——产业总体规模。

从图 5-4 可以看出，2016—2018 年 HHI 的值由 0.255 降到 0.228，这种变化主要源于中国中车市场占有率的下降和西门子等企业市场占有率的提升，说明各家高铁企业在市场占有率上的差距正在逐年缩小，这也意味着市场竞争在不断加剧。根据 HHI 分类（表 5-3），当 HHI 的值处于 0.18～0.30 之间时，市场结构属于高寡占Ⅱ型。

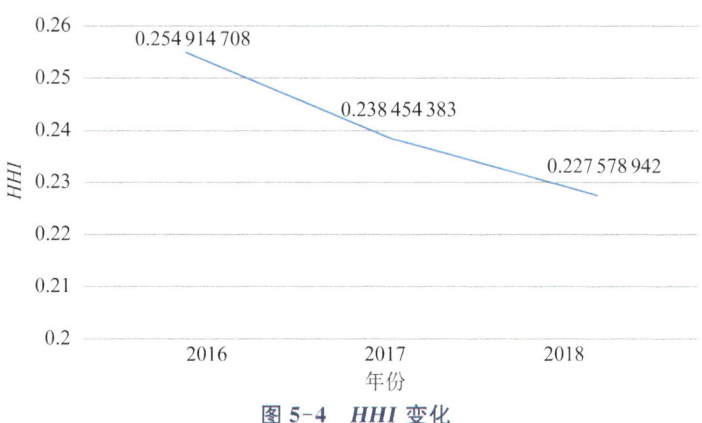

图 5-4　HHI 变化

表 5-3　市场结构分类

分类	HHI
高寡占Ⅰ型	0.3≤HHI
高寡占Ⅱ型	0.18≤HHI<0.3
低寡占Ⅰ型	0.14≤HHI<0.18

(续表)

分类	HHI
低寡占Ⅱ型	$0.1 \leqslant HHI < 0.14$
竞争型	$HHI < 0.1$

由市场集中率和赫尔芬达尔-赫希曼指数可知,如今全球高铁市场属于寡占Ⅱ型市场,即垄断程度很高,排名前四的企业占领了70%以上的市场份额。市场集中程度有略微下降的趋势,但变化较小,暂不能改变高铁市场垄断的格局,不过企业市场占有率的差距在逐年缩小,说明市场竞争在不断加剧。

5.2.2 壁垒

1. 经济性进入壁垒

1) 资本壁垒

高速铁路是需要很大资本投入的行业,无论是设计研发产品、制造设备,还是最后实际运营阶段,都需要充足的资本作为支撑。中国高铁经历了短短十多年跃升为世界第一,起步时花费巨额资金购买国外的核心技术,后期的发展又离不开高校和科研院所的人力资源投入、大量的研发试验物料耗费以及国家和企业的资金支持。

2) 规模经济壁垒

高速铁路存在规模效应,主要体现在以下几个方面。首先,高速铁路的制造需要昂贵的生产线,当企业生产量较少时,生产线的利用率较低,而生产线利用率低将导致分摊到每一动车组的费用高。随着企业生产规模的不断扩大,生产线利用率和物料资源的使用率将会提高,整体分摊到每一动车组的成本会随之下降。其次,高铁运营需要建造基础设施,当高铁网络逐渐完善、高铁线路增多时,会使得基础设施的利用率逐渐提高,平均成本逐渐下降,从而投资回收期缩短、旅客票价下降,规模效应日益显现[27]。

3) 竞争者壁垒

如今的高铁市场属于寡头市场,企业要想在市场上占领一席之地,不仅需要大量的资金、技术和政策的支持,还要面对现有企业的排挤以及现有企业之间合作的压力。因此,企业需要制定正确的战略来及时抓住机遇并且应对环境中的风险。

2. 非经济性进入壁垒

高速铁路想要在本国发展甚至"走出去"发展,离不开国家政策及法律的支持,包括资金、技术、人才等的投资。中国中铁作为国有企业,它在中国市场的垄断地位为其发展提供了天然优势,同时,"一带一路"倡议的推行也为中国高铁走出国门提供了机遇。

在国际市场上,高铁出口主要面临以下几大壁垒。

1) 知识产权壁垒

中国高铁起步较晚,自主知识产权创新从2012年才开始大幅增加,虽然高铁销量排名全球第一,但是大部分订单还是来自国内,自主知识产权数量排名十分靠后。国际市场上,许多企业已经申请了相当数量的技术专利,高铁出口面临着一定的侵权风险和高昂的诉讼费用。

2)技术壁垒

高速铁路是一个复杂的产品系统,涉及零件、通信、工程、供电等子系统的复杂设计。先发企业的核心技术通常不会出售,后发企业想要进入市场就要面对艰难的技术攻关问题。高速铁路的自主研发要满足质量、安全、速度、效率等的要求。后发企业若要学习先进技术甚至实现技术赶超则需具备很强的技术实力和学习能力。

3)技术标准壁垒

高速铁路想要进入国际市场,需要达到引进国的标准,而先前的大多数国际标准均由一些老牌高铁强国制定,因此它们可以将垄断的知识产权作为标准来限制其他国家的高铁输入。同时,高铁出口面临长时间的申请费用和审批流程等。这些情况都给高铁出口增加了难度。

4)政治文化壁垒

对于有本土高铁企业的国家而言,它们大多会保护本国企业并限制外国企业在本国的发展,这就增加了中国高铁出口的难度。对于没有本土高铁企业的国家来说,它们对于高铁企业的选择不仅要考虑价格,还要考虑政治和文化因素,如此国家关系和竞争者关系都会成为高铁出口的壁垒。

3. 退出壁垒

高速铁路是一个需要巨大投入的产业,从研发到运营都要耗费大量的人力、财力和时间。同时,高铁设备的功能性较为专一,难以转用于其他行业。若高铁企业经营难以维系,之前的一切基建、在产品、产成品都将变为沉没成本,如此一来企业将面临很大的风险。

5.3 高铁产业的市场行为

市场行为是指企业在市场上为赢得最大利润和更高的市场占有率而适应市场并按市场要求调整其行动的行为。一般的市场行为是指企业作出决策和如何实施决策的行为,包括价格行为和非价格行为,如品牌战略、定价、研究与开发等。

5.3.1 价格行为

1. 高铁营运与服务

随着高铁网络的日益完善,在规模效应和技术创新的影响下,高铁成本得以在保质保量的前提下进一步下降,相应地,运营成本和高铁设备的销售价格也会有所下降。以我国为例,高铁分为商务座、一等座和二等座,每一等级座位的票价不同,享受的服务也不同。其中,二等座的票价符合大多数城市居民的经济能力,若有更高的需求可选择商务座。

与航空市场的价格行为相比,高铁票价相对稳定,不会随着市场需求的变动而变动,人们无须纠结票价是否会下降,只需要考虑一个合理的固定价格。大部分城际旅途的飞机票价高于高铁票价,且飞机的供应量和稳定性相对高铁要小,这使得高铁的需求量很大以至于发车前几分钟都有人在抢票。同时,高铁设有多个站点,人员流动频繁且紧凑,不存在飞机临时退票且价格高昂导致空座率高的情况,所以高铁票退换票金额相对飞机来说就十分低廉。而低廉的价格和大量的需求相互促进,即使人们因特殊情况临时更换车票也无须担忧价格。高铁以其速度快、环保等优势逐步代替城际短途汽车客运,在价格相差不大的情况下,会有更多的人选择高铁出行。但我国高铁在长途远距离客运的费用上会相对偏贵,有时甚至高于机票价格。

2. 高铁产品与建设

1) 设备通用降低成本

生产不同的产品需要不同的设计、材料以及生产线,若是产品差异过大,会导致产品研发、生产线以及后期维修成本较高。为了降低成本,可以实施机械接口互联、同类型部件互通等生产操作,这样不仅可以减少设计开发费用,还能在降低生产线多样性的同时增加规模效应,使得后期运营维修可以采用通用部件甚至替换动车组。实行设备通用有利于产品生产的标准化,也能促进技术专利和标准制定的一体化进程。

2) 价格博弈

高铁订单的争取往往需要通过竞标方式。对高铁的选择不仅是出于安全和速度的考虑,特别是对于高铁落后的发展中国家来说,价格和政策的优惠更是它们考虑的重要因素。在雅万高铁项目的争夺过程中,中国就以优惠的价格和政策打败了日本,拿下了此项目。

3) 规模效应

企业可以通过产品、设备和材料的大批量采购以及提高基础设备利用率来降低产品成本。降低成本有利于企业获得更高的利润或者参与价格竞争。

5.3.2 非价格行为

1. 基于技术竞争的市场行为

研发支出是指在研究与开发过程中所使用资产的折旧、消耗的原材料、直接参与开发人员的工资和福利费用、开发过程中发生的租金及借款费用等,代表了企业的技术创新与研发的投入力度。制造企业的发展离不开创新与研发,研发投入越高,在一定程度上表明企业越重视技术创新。从图5-5可以看出,中国中车、西门子和通用电气的研发费用较高,均多于100亿元。由于该数据是整个公司的研发投入,所以其中必然包含了其他非高铁业务,但也从一定程度上表明了企业对技术开发的重视,并且在仅制造高铁装备的企业中,中国中车位列第一。

由于各企业规模不同,因此研发支出绝对数标准差较大,而研发支出占总营业收入的比例则考虑了企业总销售收入的大小,即反映了企业规模的影响,是个相对值。该比例越大,说明企业的技术创新投入越多。如图5-6所示,中国中车和克诺尔的研发支出占总营业收

图 5-5 各企业研发支出对比

入的比例均超过 5%，西门子、通用电气、日立铁路均超过 3%，说明企业间的技术竞争还是比较激烈的。

图 5-6 各企业研发支出占总营业收入的比例

2. 基于合作竞争的市场行为

如今中国中车销售额位居全球第一，曾经相互竞争的国外老牌企业为了提高国际竞争力而尝试合作。2017 年，庞巴迪和西门子就对高铁行业的整合进行了谈判，但最终不了了之。同年，庞巴迪和阿尔斯通准备就合并铁路业务进行了谈判，以期将现存的竞争关系转化为合作关系来抗衡中国中车，并且在年报中进行了相关披露，两个企业的整合会占据 20% 以上的市场份额，但最终被欧盟以垄断为由否决。虽然，目前企业合作没有达成，但这一系列行为表明全球高铁企业正在尝试以合作形式来增强企业的竞争力，这也预示着全球高铁企业会加强合作来应对全球竞争。

3. 专利申请、标准设置、标准化建设

专利技术数量是衡量一个企业创新能力、发展前景的重要标志，也是制定国际标准的重要因素之一。在国际竞争中，企业要积极申请技术专利来抢占先机，使高铁出口避免知识产权纷争。从高铁产业壁垒可以看出,国际标准是限制高铁出口的一项重要因素,国家应积极制定准确详细的高铁标准,并推进标准的国际化认证,从而提高高铁标准的国际认可度。同时,高铁产品的生产也应积极向国际化标准靠拢,满足国际化标准更有利于高铁产品走出国门。

5.4 高铁产业的市场绩效

市场绩效是一个综合性概念,既包括市场本身的内部效率,又包括社会资源配置效率。按照哈佛学派的观点,市场绩效是某一产业所获得的最终的经济成果。该经济成果涉及产品价格、生产成本和利润、产品的产量和品种、技术进步等因素,它是在特定的市场结构中通过有效的市场行为取得的。市场绩效指标主要用来反映市场运行效率和资源配置,是反映优劣程度的指标,也是研究资源配置效率、公平分配、技术进步和竞争情况的主要指标。同时,市场绩效兼顾消费者福利和企业收益,是衡量社会技术进步和公平竞争的主要指标。高铁产业既联系上游各零部件和原材料产业,又联系下游高铁运营行业,是保证高铁运营和满足人们出行需求的重要产业,因此对高铁产业进行绩效评价就显得尤为重要,而且不能依靠单一指标,要结合多项指标进行综合考虑。

本节利用数据包络分析(Data Envelopement Analysis,DEA)方法和 Malmquist 指数法对全球高铁企业效率进行测算。其中,DEA 方法适用于多投入与多产出的系统研究,不需要估计生产函数,利用全局数据可有效避免指标分散处理的局限性,以决策单元各输入输出的权重作为变量,具有较强的客观性。

5.4.1 评价方法

本书采用 DEA 方法来处理相关数据。这是一种数量分析方法,利用线性规划,通过设置多项投入指标和产出指标,选择具有可比性的同类型单位,利用这些单位进行相对有效性评价。每个评价单位都是一个决策单元,每个决策单元又都拥有相同类型的"投入"和"产出",在将各决策单元的投入指标和产出指标的权重设为变量后,运用统计软件进行运算,最终确定各个决策单元的 DEA 是否有效。用 DEA 方法衡量绩效问题能够清晰地说明投入和产出的组合关系。因此,相对于经营比率或利润指标而言,DEA 方法更具综合性且可信度更高。CCR 模型和 BCC 模型是 DEA 的基本模型,CCR 模型假设规模收益不变,BCC 模型假设规模收益可变。利用 CCR 模型和 BCC 模型可以判定决策单元是否 DEA 有效,本书采用 BCC 模型。

传统的 CCR 模型和 BCC 模型一般用来对同一时间点的效率情况进行横向比较,但对面板数据进行分析的适用性不强,难以发现效率的动态变化和发展趋势。Malmquist 指数则能较好地分析面板数据,对于相对效率的动态变化也能起到较好的刻画效果,在分析不同历史数据方面具有较为广泛的应用[23,24]。

5.4.2 评价指标

1. 投入指标和产出指标

1) 投入指标

由于高铁行业需要高新技术和大量资本,因此本节从研发和资产出发,选取研发投入占营业收入比例和总资产作为投入指标。

2) 产出指标

产出指标的直接体现是收益,本节选取高铁销售收入和EPS(Earning Per Share,每股收益即每股盈利)作为产出指标。销售收入作为产出的代表性指标,能较好地衡量产出效果,应用相对广泛;EPS通常被用来反映企业的经营成果,衡量普通股的获利水平及投资风险,是投资者等信息使用者据以评价企业盈利能力、预测企业成长潜力,进而作出相关经济决策的重要的财务指标之一,也是一个用来评价绩效的综合性指标。

本书采用的评价指标如表5-4所列。

表5-4 评价指标

指标类型	指标名称
投入指标	总资产; 研发投入占营业收入比例
产出指标	高铁销售收入; EPS

由于DEAP2.1软件无法处理负数,但部分企业的EPS为负,考虑到EPS是衡量绩效非常重要的指标,故本书对这些企业不予剔除,而是通过以下线性变换的方式,即式(5-3),把全部数据做统一处理后再进行运算。例如,计算总资产的换算值,应将3年所有企业的总资产数据放在一起比较,找出最大值24 912和最小值122.38,再将3(3年)×9(9个企业)=27个换算值计算出来。其他指标同理。

$$Y = 0.1 + 0.9 \times \frac{X - X_{\min}}{X_{\max} - X_{\min}} \tag{5-3}$$

式中 Y——某一指标进行线性变换后的值;

X——某一指标的原始值;

$X_{\max}$——需要换算的指标的最大值;

$X_{\min}$——需要换算的指标的最小值。

由于DEA模型对于数据的处理不在于具体值而是数据之间的关系,线性变换不改变数据之间的关系,并且能使数据处于可测算范围,因此不影响结果的准确性。

2. BCC模型测算

以表5-5中全球主要高铁企业2016—2018年的经营数据为基础,通过DEAP2.1软件,采用可变 BCC 模型来测算企业的生产率及规模效率,结果见表 5-6。

表 5-5 2016—2018 年全球主要高铁企业的经营数据

企业	2018 年				2017 年				2016 年			
	总资产/亿元	研发占比	销售额/亿元	EPS	总资产/亿元	研发占比	销售额/亿元	EPS	总资产/亿元	研发占比	销售额/亿元	EPS
中国中车	3 575.23	5.1%	2 190.8	0.39	3 752.06	5.0%	2 110.1	0.37	3 383.5	4.2%	2 297.2	0.41
庞巴迪	1 712.87	1.2%	611.8	0.96	1 628.01	1.2%	558.7	−1.57	1 581.3	1.1%	525.4	−3.33
阿尔斯通	1 013.93	2.2%	610.3	23.06	1 024.98	1.9%	615.2	12.69	1 058.7	1.2%	538.6	9.58
西门子	10 900.66	3.4%	354.2	53.28	10 619.4	3.2%	267.8	55.63	9 186	3.1%	177.3	47.33
通用电气	21 215.52	4%	267.5	−18	24 126.5	5.0%	257.1	−6.73	24 912	5.0%	318.1	5.2
克诺尔	491.39	5.5%	271.7	28.88	446.85	5.8%	254.4	25.9	354	6.0%	218.5	24.11
美国西屋	593.6	2%	299.5	21	429.94	2.5%	253.6	17.77	457	2.4%	203.2	23.17
日立铁路	367.77	3.9%	218.8	17.54	364.41	3.7%	211.9	18.11	308	3.2%	206.1	15.18
格林布赖尔	168.27	0.2%	139.5	33.58	158.25	0.2%	113.9	24.09	122.38	0.1%	140.3	38.34

表 5-6 2016—2018 年全球主要高铁企业的生产率

企业	2018 年				2017 年				2016 年			
	crste	vrste	scale	r−s	crste	vrste	scale	r−s	crste	vrste	scale	r−s
中国中车	1.000	1.000	1.000	—	1.000	1.000	1.000	—	1.000	1.000	1.000	—
庞巴迪	1.000	1.000	1.000	—	1.000	1.000	1.000	—	0.794	0.823	0.965	irs
阿尔斯通	0.953	0.955	0.999	drs	0.942	1.000	0.942	irs	0.779	0.787	0.989	irs
西门子	0.647	0.786	0.823	drs	0.343	1.000	0.343	drs	0.266	1.000	0.266	drs
通用电气	0.206	0.222	0.928	drs	0.191	0.331	0.577	drs	0.184	0.514	0.358	drs
克诺尔	0.937	0.958	0.978	drs	1.000	1.000	1.000	—	0.816	0.822	0.992	irs
美国西屋	0.837	0.843	0.992	drs	0.913	0.956	0.955	irs	0.768	0.795	0.966	drs
日立铁路	0.797	0.895	0.890	irs	0.897	0.941	0.953	irs	0.717	0.855	0.839	irs
格林布赖尔	1.000	1.000	1.000	—	1.000	1.000	1.000	—	1.000	1.000	1.000	—
平均值	0.784	0.875	0.902		0.810	0.914	0.863		0.703	0.844	0.820	

注:crste 表示综合效率,vrste 表示纯技术效率,scale 表示规模效率,r−s 表示规模收益,drs 表示规模收益递减,irs 表示规模收益递增,"—"表示规模收益不变;综合效率 = 纯技术效率 × 规模效率。

从 DEA 的有效性角度来说,2016—2018 年中国中车和格林布赖尔一直保持规模有效,即处于目前投入下有效的产出状况。庞巴迪这三年来从规模收益递增状态达到了 DEA 有效。阿尔斯通和克诺尔则经历了从规模收益递增到规模收益递减的过程,说明它们在当前产出下投入过多,可以缩小投入规模。西门子和通用电气一直处于规模收益递减的状态,可以通过适当缩减规模来达到 DEA 有效。日立铁路一直处于规模效率递增状态,可以适当扩增规模以达到 DEA 有效。

从纯技术效率指标来看,中国中车、阿尔斯通和克诺尔的纯技术效率指标较高。从规模效率指标来看,中国中车和格林布赖尔的规模效率最高。从综合效率指标来看,通用电气在 2018 年仅有 0.206,属于较低水平;中国中车和格林布赖尔在 2016—2018 年中均为最高。通用电气综合效率最低的原因是其经营连年亏损,利润为负。从行业整体来看,平均规模效率提高了 0.082(0.820→0.902),平均综合效率提高了 0.081(0.703→0.784),说明仍有进一步提升的空间。

3. Malmquist 指数测算

运用 DEAP2.1 软件对 2016—2018 年全球高铁企业的 Malmquist 指数进行测算和分解,得到高铁企业效率的动态变化情况,具体运算结果见表 5-7。

表 5-7 2016—2018 年全球高铁企业的 Malmquist 指数及其分解

企业	Year=2					Year=3				
	effch	techch	pech	sech	tfpch	effch	techch	pech	sech	tfpch
中国中车	1.000	0.834	1.000	1.000	0.834	1.000	1.042	1.000	1.000	1.042
庞巴迪	1.259	0.788	1.216	1.036	0.992	1.000	1.077	1.000	1.000	1.077
阿尔斯通	1.209	0.810	1.270	0.952	0.980	1.012	1.112	0.955	1.061	1.126
西门子	1.291	0.782	1.000	1.291	1.009	0.953	1.138	1.000	0.953	1.085
通用电气	1.037	0.783	0.644	1.611	0.812	1.080	1.070	0.672	1.608	1.155
克诺尔	1.225	0.832	1.216	1.008	1.020	0.937	1.110	0.958	0.978	1.040
美国西屋	1.189	0.817	1.202	0.989	0.972	0.916	1.131	0.882	1.039	1.036
日立铁路	1.252	0.825	1.102	1.137	1.032	0.888	1.121	0.951	0.934	0.995
格林布赖尔	1.000	0.733	1.000	1.000	0.733	1.000	1.154	1.000	1.000	1.154
平均值	1.157	0.800	1.054	1.098	0.925	0.975	1.106	0.929	1.049	1.078

注:effch 表示技术效率变动,techch 表示技术进步变动,pech 表示纯技术效率变动,sech 表示规模效率变动,tfpch 表示全要素生产率变动。

表 5-7 结果表明,高铁产业全要素生产率平均值在 2016—2017 年出现下降,下降幅度为 7.5%,主要原因是技术进步率的下降;在 2017—2018 年,全要素生产率平均值上升了 7.8%,主要原因是技术进步率和规模效率有所提升,使得在技术效率和纯技术效率下降的情况下全要素生产率有所上升。2016—2018 年规模效率变动平均值大于 1,处于上升状态。总体来看,技术效率增幅大于技术进步增幅,特别是规模效率增幅较大,全要素生产率的变动主要依赖于技术进步变动效率。根据 2016—2018 年的短期数据变动可知,分解效率都在变动,并且相邻两年同一指标可以发生反方向的变化。仅凭三年数据无法看出长期变化规律,但在短期内可以看出全要素生产率处于波动中,但波动范围在 0.1 以内。

5.5 本章小结

本章从全球高铁市场中企业的年度报表里寻找数据,并运用 SCP 范式对高铁产业组织进行了分析。

目前,全球高铁产业在结构上主要表现为市场规模巨大、市场集中度高、市场竞争日益激烈,进入壁垒及退出壁垒较高等特征。高铁的研发和建造需要巨额的资金投入,高铁的速度和稳定性也需要在实验与开发中不断提升。规模、技术、资本等因素都是高铁企业在全球的质量、价格竞争中取得优势、提升市场占有率的关键。这决定了高铁企业需要投入资金进行研究开发、控制建造成本和合并以占领市场等行为。最终表现为全球高铁企业的绩效水平(效率平均值)处于 0.8 左右(表 5-6)。问题在于多数企业呈规模报酬递减的状态,企业在全球竞争中一味追求扩大规模、增加投入,使得企业的投入已超过当前效率下的产出,企业应该缩小规模或者提高效率,使投入与产出相匹配,从而提高市场效率。

第 6 章
高铁与产业结构

  高铁产业是由基础设施建设、车辆装备制造、运行系统和信息化以及运营和维护这 4 个相互关联且互相影响的环节构成的产业系统。同时,每个环节所涉及的行业又有所差异,例如,基础设施建设环节主要涉及水泥钢铁、电力机械等行业,而车辆装备制造环节主要涉及新材料、轨道交通设备制造等行业。总的来说,高铁产业影响广泛,涉及其他诸多产业,而这些产业之间也相互联系、相互作用,最终共同形成了高铁产业系统。该系统以基础设施建设和车辆装备制造为核心,同时重点关注运行系统和信息化及运营和维护这两个环节[19]。

  1. 基础设施建设环节

  基础设施建设环节中必备的主要材料及设备是水泥、建筑材料和工程机械。同时,基础设施建设环节又可以进一步细分,从勘察设计开始,后续包括轨道生产加工、轨道铺设、桥梁建设和隧道建设。可见,在高速铁路基础设施建设环节中主要涉及建筑业和钢铁产业。

  2. 车辆装备制造环节

  高铁车辆的设计制造不仅仅是简单的机车和车厢的生产制造,还包括电气化信息设备、通风设备和电力系统等系统设备以及所需零配件的制造与装备。在这个环节中,轨道交通设备制造业、新材料制造业和新能源业是主要的受益产业。

  3. 运行系统和信息化环节

  在运行系统和信息化环节主要按信号系统、通信系统和安检系统进行划分。其中,信号系统由各类列车仪表、调度系统和控制系统等构成;通信系统主要由实时定位系统和双向车地通信系统等构成;安检系统主要由相关检测设备以及紧急事故报警系统等构成。此环节的关联产业都相对更为精密,主要包括电子信息产业、精密仪器制造业和通信设施制造业。

  4. 运营和维护环节

  高铁的运营和维护更多地涉及服务业,包括工程服务业、维护服务业、营运服务业和商业服务业。其中,工程服务业主要负责的内容是规划、测试、安检、监督以及工作人员的相关技能训练等;维护服务业主要提供车辆运行、设备安全与客流运输等支持服务;营运服务主要指车票打印和售后;商业服务涉及的行业主要是商旅和餐饮行业,提供广告招商、食品和饮料销售等相关服务。

  总之,高铁产业不仅同其他多个产业存在关联,还在高铁产业链中拥有大量其他行业的相关产品。根据前述提到的4个环节可以看出,钢铁产业、建筑业、新材料制造业、新能源业以及信息产业和服务业是与高铁产业有紧密联系的一些产业。同时,高铁产业在自我发展的过程中,还与其他外部产业,如建筑业和服务业等,彼此影响相互促进形成了产业系统,从而对经济总体增长及产业结构调整产生了一定影响。

6.1 高铁产业与相关产业关联分析

所谓产业关联,主要表现为一个产业与其他相关产业之间的相互作用,即一个产业通过自身的生产活动对其上下游产业造成一定的影响,进而作用于国民经济整体协调发展的情况。而相关产业间关联的比例关系则可通过关联度来体现。关联度可以衡量一个产业的生产发展对其相关产业造成的影响程度。

高铁建设是一项声势浩大的工程,高铁产业也是与其他产业关联度极强的产业。依据价值链来划分,高铁产业可分为上游铁路基建、中游列车及相关设备制造和下游营运服务3个部分。这3个部分又涵盖了基础设施建设、车辆装备制造、运行系统和信息化及运营和维护这4个主要的环节。正因为高铁产业在不同环节中与部分其他产业之间有着紧密的联系,从而奠定了高铁产业可以带动其他相关产业发展的重要地位,其中受影响较为显著的产业有建筑、机械、钢铁、电力和信息技术。

在相关产业关联分析中常用的方法是投入产出分析法,而对投入产出进行分析的重要工具是投入产出表。投入产出表不仅可以体现一定时期各部门之间投入和产出的相互联系及平衡比例关系,还可以反映各部门最终的需求结构、为了自身的生产从其他部门取得中间投入产品的情况及其最初投入的状况。经济活动是将消耗转化为成果的过程,其中具体的消耗及其来源、成果及其去向分别对应了投入产出分析中的投入和产出。

经济活动中投入与产出的基本关系如式(6-1)所列:

$$\boldsymbol{X} = \boldsymbol{A}\boldsymbol{X} + \boldsymbol{Y} \tag{6-1}$$

式中　$\boldsymbol{X}$——所有部门的生产总值,$\boldsymbol{X} = (X_i)_{n\times 1}$,$X_i$ 为第 i 部门的生产总值;

$\boldsymbol{A}$——直接消耗系数矩阵,$\boldsymbol{A} = (a_i)_{n\times n}$;

$\boldsymbol{Y}$——最终使用列向量,$\boldsymbol{Y} = (Y_i)_{n\times 1}$。

将式(6-1)进行简单变换,可得:

$$\boldsymbol{X} = (\boldsymbol{I} - \boldsymbol{A})^{-1}\boldsymbol{Y} \tag{6-2}$$

式中,$\boldsymbol{I}$ 为单位矩阵。

只需要获取该部门的变动数据 $\Delta \boldsymbol{Y}$,就可通过式(6-2)计算出这一变动对其他产业的产出影响,即

$$\Delta \boldsymbol{X} = (\boldsymbol{I} - \boldsymbol{A})^{-1}\Delta \boldsymbol{Y} \tag{6-3}$$

其中,$(\boldsymbol{I} - \boldsymbol{A})^{-1}$ 为列昂捷夫逆矩阵,$\Delta \boldsymbol{Y} = (Y_1, Y_2, \cdots, Y_n)^{\mathrm{T}}$。当计算一个产业 i 的变动对其

他产业的影响时,Y_i 取 ΔY,其余的 Y 向量取 0,可得出 ΔX 的产出列向量。

直接消耗系数、完全消耗系数和增加值系数是在量化分析中常用的几个投入产出系数。

直接消耗系数记为 $a_{ij}(i,j=1,2,\cdots,n)$,是指生产中为了得到第 j 部门的单位总产出,需要直接消耗第 i 部门的服务或货物的价值量,计算公式见式(6-4)。直接消耗系数表(即直接消耗系数矩阵)对应前述公式中的矩阵 A。

$$a_{ij}=\frac{x_{ij}}{X_j} \quad (i,j=1,2,\cdots,n) \tag{6-4}$$

其中,a_{ij} 的取值范围为 $0\leqslant a_{ij}<1$。a_{ij} 的值越大,说明第 j 部门对第 i 部门的直接依赖程度越高;若取值为 0,则说明第 j 部门对第 i 部门并不具有直接依赖性。通过计算直接消耗系数,可以反映出国民经济各部门间的相互依存或制约关系及这些关系的强弱。

完全消耗系数是指为了增加第 j 部门的单位总产出而需要完全消耗第 i 部门的产品或服务的数量,涵盖直接消耗系数和全部间接消耗系数,是全面揭示国民经济各部门之间技术经济的全部联系和相互依赖关系的一项重要指标。完全消耗系数可用 $B=(I-A)^{-1}-I$ 表示,其中 B 为完全消耗系数矩阵,I 为单位矩阵,A 为直接消耗系数矩阵[18]。

从我国高铁的发展历程来看,2007—2012 年是高铁建设蓬勃发展的主要阶段,即大规模的高铁建设都发生在这个时期,因此利用 2007 年与 2012 年的数据来分析高铁产业发展对相关产业的带动作用,不仅能反映带动效果,而且具有一定的代表性。同时,选择 2007 年和 2012 年的数据进行研究,不仅能清晰地展现中国高铁建设的起步与阶段性成果,还能为高铁未来发展规划提供宝贵的实证依据。这些数据对于理解高铁建设全貌、评估其经济效益和社会效益以及预测未来的发展趋势均具有十分重要的作用。

6.1.1 高铁产业与相关产业的后向关联

1. 高铁产业对相关产业的直接消耗系数

直接消耗系数可以较为明显地体现各部门之间的直接依存关系,也可以反映高铁产业带动其他产业的能力。根据表 6-1(a)中列出的 2012 年直接消耗系数(数据来自国家统计局"投入产出表"),有 11 个部门与高铁产业的联系最为密切。其中,高铁产业每得到一单位产出,需要消耗 0.084 1 单位的货币金融和其他金融服务产品、0.068 5 单位的精炼石油和核燃料加工品、0.021 1 单位的钢压延产品、0.014 8 单位的批发和零售产品。同时,通过计算可知,高铁每一单位投入需消耗保险产品及货币金融和其他金融服务产品二者共计 0.104 6 单位的产品。结合现实情况——加速建设我国高铁融资体系、加强高铁产业对金融行业的依存度,表明金融行业在高铁产业发展过程中的重要性与日俱增。

同时,结合高铁产业对 139 个部门的全部直接消耗系数可以发现,高铁产业对有色金属矿采选产品、其他交通运输设备、开采辅助服务和其他采矿产品、土木工程建筑、建筑装饰等产品的直接消耗系数大都不超过 0.000 01。这说明高铁产业与这些产品部门之间存在着较弱的依存关系。而高铁产业对畜牧业、饲料加工品、肥料、水利管理、废弃资源和废旧材料回收加工品、邮政业和卫生、体育以及社会工作的各部门直接消耗产品比例为0,说明这些产品并没有直接投入高铁产业的活动中去(因篇幅问题,在书中没有列出)。

表 6-1(a)　2012 年直接消耗系数

部门	直接消耗系数
货币金融和其他金融服务	0.084 1
精炼石油和核燃料加工品	0.068 5
铁路运输和城市轨道交通设备	0.064 0
电力、热力生产和供应	0.047 3
电信和其他信息传输服务	0.022 9
钢压延产品	0.021 1
保险业	0.020 5
建筑装饰及其他建筑服务	0.018 9
批发和零售	0.014 8
其他服务	0.012 6
饮料和精制茶加工品	0.011 4

表 6-1(b)　2007 年直接消耗系数

部门	直接消耗系数
石油及核燃料加工业	0.060 7
铁路运输设备制造业	0.064 3
金融业	0.056 7
电力、热力的生产和供应业	0.042 3
保险业	0.013
电信和其他信息传输服务业	0.011 6
铁路运输业	0.011 3
钢压延产品	0.010 8
煤炭开采和洗选业	0.007
批发零售业	0.006 8
其他服务业	0.006 6

另外,从 2007 年直接消耗系数来看[表 6-1(b)],排名靠前的是石油及核燃料加工业、铁路运输设备制造业、金融业等部门,它们对高铁产业每一单位高铁投入直接消耗的产品单位数分别为 0.060 7、0.064 3 和 0.056 7。而且对高铁产业直接供给重要性靠前的这 11 个部门的单位数总和为 0.291 1。因为部门间直接的关系紧密度与直接消耗系数的变动方向一致,所以高铁产业对直接消耗系数为 0.060 7 的石油及核燃料加工业的直接依赖度最高,其

次是铁路运输设备制造业,其直接消耗系数为 0.064 3。

2. 高铁产业对相关产业的完全消耗系数

完全消耗系数相比直接消耗系数能更好地反映两部门之间的完全依存关系。表 6-2(a) 中列出了 2012 年完全消耗系数(数据来自国家统计局"投入产出表"),从中可获知高铁产业完全依赖程度最大的部门是货币金融和其他金融服务,其次则是电力与热力生产和供应、精炼石油和核燃料加工品等 13 个部门。通过计算可得,高铁产业每生产 1 单位最终产品,需要完全消耗货币金融和其他金融服务、电力与热力生产和供应以及精炼石油和核燃料加工品等 13 个部门 0.775 7 单位的产品。同时,值得关注的是,虽然可以根据直接消耗系数得出高铁产业与部分产品部门之间不存在直接消耗关系的结论,但可以根据不为 0 的完全消耗系数来判断高铁产业与这些部门之间存在着一定的间接消耗关系,例如高铁产业对畜牧业、饲料加工品、肥料和水利管理等部门的直接消耗系数为 0,而对这些产业的完全消耗系数分别为 0.004 2、0.001 4、0.002 9、0.000 9,这说明畜牧业、饲料加工品、肥料和水利管理等产业与高铁产业的发展之间存在较强的间接关系(因篇幅问题,在书中没有列出)。

另外,基于表 6-2(b) 中 2007 年部分产业的完全消耗系数可知,高铁产业对于电力、热力的生产和供应业(每单位高铁投入完全消耗的产品单位数为 0.110 2)与石油及核燃料加工业(每单位高铁投入完全消耗的产品单位数为 0.091 6)等 13 个部门的完全依赖度最高。同时,亦可看出,高铁产业对电力、热力的生产和供应业以及石油和天然气开采业等能源行业和铁路运输设备制造业、钢压延产品等制造行业的依赖度很高。

表 6-2(a)　2012 年完全消耗系数

部门	完全消耗系数
货币金融和其他金融服务	0.124 5
电力、热力生产和供应	0.113 7
精炼石油和核燃料加工品	0.107 6
铁路运输和城市轨道交通设备	0.075 6
石油和天然气开采产品	0.073 0
钢压延产品	0.051 7
批发和零售	0.045 6
煤炭采选产品	0.042 5
商务服务	0.033 9
电信和其他信息传输服务	0.032 5
保险业	0.025 3
有色金属及其合金和铸件	0.025 2
建筑装饰及其他建筑服务	0.024 6

表 6-2(b) 2007 年完全消耗系数

部门	完全消耗系数
电力、热力的生产和供应业	0.110 2
石油及核燃料加工业	0.091 6
金融业	0.074 5
石油和天然气开采业	0.066 0
铁路运输设备制造业	0.054 7
钢压延产品	0.040 8
煤炭开采和洗选业	0.027 5
批发零售业	0.022 2
其他通用设备制造业	0.021 5
保险业	0.017 9
电信和其他信息传输服务业	0.017 1
金属制品业	0.015 9
有色金属冶炼及合金制造业	0.015 0

3. 结论

根据产业的投入与消耗关系来分析高铁产业与相关产业的后向关联，由表 6-1 和表 6-2 可以得出：

（1）在 2007 年和 2012 年的直接消耗系数排序中体现出货币金融和其他金融服务、电力、热力生产和供应、精炼石油和核燃料加工品、铁路运输和城市轨道交通设备、钢压延产品、批发和零售、煤炭采选产品、电信和其他信息服务、保险以及建筑装饰和其他建筑服务等部门是高铁产业后向关联产业中影响程度较大的几个部门。

（2）虽然高铁产业对部分产业的直接消耗系数为 0，但完全消耗关系的存在反映出高铁对该产业有间接消耗，从而进一步说明高铁产业对相关产业的带动存在着直接作用和间接作用这两种方式。

（3）高铁产业的发展对国民经济中其他各产业会产生不同程度的影响，但是显著的促进作用只体现在部分部门的发展上，如电力、热力的生产和供应等。

（4）从产业大类上来看，2007—2012 年第二产业和第三产业的完全消耗系数明显升高，特别是货币金融和其他金融服务、商务服务、保险业等。

6.1.2 高铁产业与相关产业的前向关联

1. 高铁产业对相关产业的直接分配系数

直接前向关联可以通过直接分配系数来体现。通过对 2012 年直接分配系数（数据来自国家统计局"投入产出表"）的分析可知，高铁产业对体育、化工木材、非金属加工专用设备、农林牧渔服务、饲料加工品、汽车整车、卫生等 19 个部门的直接分配系数为 0，即这些产业与高铁产业之间不存在前向直接关联关系；有 11 个部门与高铁产业的前向直接关联较为显著，如表 6-3(a)所列，依次为铁路运输和城市轨道交通设备制造、保险业、生态保护和环境治理、资本市场服务等部门。同时还可以看出，高铁产业每生产一单位的产品，铁路运输和城市轨道交通设备制造以及保险业这两个部门的直接分配系数较大。这说明，高铁产业对这两个部门的供给促进效果较为可观。换言之，这两个部门可以从高铁产业的发展中获得较大的收益。另外，结合我国当前注重环境保护的国情，进一步分析可知，因为高铁主要采用电力牵引，对环境造成的负担较小，因此高铁产业是符合我国对环境以及经济发展需求的重要产业。

另外，在 2007 年各产业投入产出关系的基础上，分别计算高铁产业与各部门之间的直接分配系数，发现在 135 个部门中，有 22 个部门与高铁产业之间不存在直接分配关系，其余 113 个部门均与高铁产业有着不同水平的前向关联关系。同时，对比 2007 年和 2012 年的数据可以看出，与高铁产业存在前向关联的产业有增长趋势，这在一定程度上反映出高铁产业的发展势头喜人。如表 6-3(b)所列，在有一定的直接前向关联关系的 113 个部门中，铁路运输设备制造业、金融业、石油及核燃料加工业、保险业等 11 个部门与高铁产业之间的前向关联较为密切。其中，高铁产业对铁路运输设备制造业的直接分配系数最大，由此可见，高铁产业对铁路运输业的供给推动作用最为显著。

表 6-3(a) 2012 年直接分配系数

部门	直接分配系数
铁路运输和城市轨道交通设备制造	0.099 7
保险业	0.017 6
生态保护和环境治理	0.016 1
资本市场服务	0.011 5
精炼石油和核燃料加工品	0.010 0
金属制品、机械和设备修理服务	0.008 8
货币金融和其他金融服务	0.008 6
其他服务	0.008 5
建筑装饰及其他建筑服务	0.008 4
铁路运输	0.008 3
饮料和精制茶加工品	0.008 2

表 6-3(b) 2007 年直接分配系数

部门	直接分配系数
铁路运输设备制造业	0.144 5
金融业	0.014 1
石油及核燃料加工业	0.013 0
保险业	0.012 4
铁路运输业	0.011 3

(续表)

部门	直接分配系数
仓储业	0.010 5
租赁业	0.009 0
环境管理业	0.007 1
其他服务业	0.005 9
电信和其他信息传输服务业	0.005 8
电力、热力的生产和供应业	0.005 2

2. 高铁产业对相关产业的完全分配系数

根据2012年国民经济中139个部门与高铁产业之间的前向完全关联情况可知（数据来自国家统计局"投入产出表"），其中仅有3个部门（土木工程建筑、社会工作和体育）同高铁产业之间的完全关联系数为0，其他136个部门与高铁产业之间均有着不同程度的前向完全关联关系。由此可见，高铁产业的影响力不容小觑。从2012年完全分配系数来看，在136个部门中，与高铁产业之间前向完全关联关系较为显著的有13个部门，包括铁路运输和城市轨道交通设备制造、石油和天然气开采产品、开采辅助服务和其他采矿产品等部门，如表6-4(a)所列。同时，也可以发现，高铁产业对铁路运输和城市轨道交通设备的供给推动作用最为显著，完全分配系数为0.117 8，是排名第二位的石油和天然气开采产品的3倍多。

另外，基于2007年135个产业的投入产出关系，可计算得出社会福利业和体育这两个部门与高铁产业之间的完全分配系数为0，即高铁产业对它们不存在完全分配关系；其余133个部门与高铁产业之间均有着不同程度的完全分配关系，其中铁路运输设备制造业、石油和天然气开采业、石油及核燃料加工业、金融业等13个部门与高铁产业之间的关联较为显著，如表6-4(b)所列。这说明高铁产业的发展可以较好地推动这些产业的发展。

表6-4(a) 2012年完全分配系数

部门	完全分配系数
铁路运输和城市轨道交通设备制造	0.117 8
石油和天然气开采产品	0.030 2
开采辅助服务和其他采矿产品	0.028 3
保险业	0.021 7
资本市场服务	0.020 2
生态保护和环境治理	0.019 5
金属制品、机械和设备修理服务	0.015 9
精炼石油和核燃料加工品	0.015 6
货币金融和其他金融服务	0.012 7
其他服务	0.012 6
电力、热力生产和供应	0.011 9

(续表)

部门	完全分配系数
租赁	0.011 3
电信和其他信息传输服务	0.011 2

表 6-4(b)　2007 年完全分配系数

部门	完全分配系数
铁路运输设备制造业	0.170 8
石油和天然气开采业	0.026 6
石油及核燃料加工业	0.019 6
金融业	0.018 5
保险业	0.017 1
铁路运输业	0.015 2
租赁业	0.013 6
电力、热力的生产和供应业	0.013 4
煤炭开采和洗选业	0.010 9
其他服务业	0.010 6
环境管理业	0.009 9
黑色金属矿采选业	0.009 9
方便食品制造业	0.009 2

3. 结论

根据产业的投入与分配关系来分析高铁产业与相关产业的前向关联，由表 6-3 和表 6-4 可以得出：

（1）铁路运输和城市轨道交通设备制造、保险业、资本市场服务、精炼石油和核燃料加工品、生态保护和环境治理、金属制品、机械和设备修理服务这几个部门与高铁产业有着较为显著的前向关联关系。

（2）高铁产业的产品生产投入对于绝大部分产业都是必要的，但由于产业性质和相互关系的不同，高铁产业与其他产业之间有着不同水平的前向关联关系，即高铁产业的发展对不同的前向关联产业的促进作用是存在差异的，如对铁路运输和城市轨道交通设备制造业的推动作用就极为显著。

（3）表 6-3 和表 6-4 所列的各产业的直接分配系数和完全分配系数反映出，对于绝大部分产业来说，高铁产业的产品是其必需的生产投入，各个产业也因高铁产业的发展得到不同程度的推动。尤其高铁产业对其前向关联链条上的各产业，如铁路运输和城市轨道交通设备制造等，具有更为显著的提升作用。

（4）从产业大类着眼，高铁产业较强的前向推动作用主要集中在第二产业，如铁路运输设备制造、能源开采等。

6.1.3 高铁产业对相关产业的波及效应

高铁产业对其他相关产业的波及效应可以用影响力系数和感应度系数来衡量。影响力系数是国民经济某个部门增加一个单位最终使用时,通过连锁波及效应,拉动国民经济其他各部门增加的产出量。影响力系数越大,说明该部门对其他部门的带动作用越大。从影响力系数的角度来看(表6-5),铁路运输业的影响力系数为0.7831,在所有139个部门中处于中后水平。这反映出高铁产业对国民经济的影响较弱,对其他各产业的推动作用相对较小。感应度系数是指国民经济各部门均增加一个单位最终使用时,需要某部门为其他部门的生产所提供的产出量。感应度系数越大,说明该部门的发展潜力越大。从感应度系数的角度来看(表6-6),铁路运输业的感应度系数为0.7360,在所有139个部门中处于中上水平。这反映出国民经济其他产业的发展对高铁产业发展有较强的影响。

综上所述,高铁产业的影响力系数和感应度系数在所有部门中的平均排序居中。换言之,高铁产业对国民经济的影响和推动作用处于中等水平。因此,大力发展高铁产业对于国民经济的整体发展及各产业的发展能起到一定的促进作用[19]。

表6-5 2012年139个部门的影响力系数(部分)

部门	计算机	视听设备	家用器具	其他交通运输设备	铁路运输	社会保障
系数值	1.3332	1.3008	1.2810	1.2383	0.7831	0.5178
排序	1	2	3	4	116	139

表6-6 2012年139个部门的感应度系数(部分)

部门	电力、热力的生产和供应	精炼石油和核燃料加工品	农产品	基础化学原料	铁路运输	社会工作
系数值	5.5553	4.1760	4.0963	3.7294	0.7360	0.3219
排序	1	2	3	4	58	139

6.1.4 小结

通过对2007年和2012年投入产出关系的综合分析可知:

(1)基于直接消耗系数和完全消耗系数的分析,高铁产业与货币金融和其他金融服务、铁路运输和城市轨道交通设备及商务服务这3个主要后向关联的产品部门的关联显著增强。这种变化说明随着高铁产业的发展,融资与轨交设备的需求得到了提升,形成了更大的需求空间。换言之,高铁产业对它们产生了较明显的带动作用。

(2)基于直接分配系数和完全分配系数的分析,高铁产业与生态保护和环境治理、建筑装饰及其他装饰服务、保险业这3个产品部门的显著前向关联关系预示了高铁产业未来的发展方向。同时,该发展方向与当前我国高铁产业的发展现状、国家对环境的重视以及产业结构调整的时代背景具有内在一致性。

(3) 2012年与2007年相比,与高铁产业关联显著增加的产业更多地集中在第三产业,而第二产业中的钢铁业、建筑业及轨道交通设备制造业这3个产品部门与高铁产业的关联关系增强得较为明显。这是因为,一方面,各产业之间的关联程度随着经济的发展和产业结构的调整发生了一定的改变;另一方面,加快发展第三产业和装备制造业是我国现阶段产业发展的主要方向,高铁产业与其相关产业关系的主要方向也与此发展方向相吻合。

(4) 高铁产业对其他相关产业的波及效应可以通过影响力系数和感应度系数来衡量。通过对影响力系数和感应度系数的分析发现,高铁产业的发展对国民经济整体以及各个产业的进步会有一定的推动作用。

6.2 高铁对产业结构的作用机理

高铁对沿线地带的产业发展和产业结构升级有着巨大的促进作用,这使得区域原有的产业发展特征发生了变化或形成新的产业带。中国社会科学院于2010年出台的研究报告《高速铁路对城市群的影响》中提到,高铁从时间上拉近了城市间的距离,使经济要素的流动速度加快,并从空间上扩大了经济要素聚集与扩散的空间,同时高铁会改变区位,从而高铁站地区的投资环境向好发展,吸引更多的资源要素的更大投入,甚至可能形成资源整合。

6.2.1 高铁建设下的成本节约

由于非均衡力所导致的区域差异使得区域间的各种要素在区域间持续流动变换,各种要素继而作用于高铁沿线城市的经济发展和产业结构变动。其中,生产成本变动便是高铁建设影响沿线城市经济的一种方式。

货运过程中的运输成本作为生产成本的一部分,其产生的变化会影响到沿线城市的经济发展与产业结构。在交通资源有限的情况下,一般资源型产业的部署首要选择是原材料的生产地,市场型产业的布局则取决于原材料消费市场的位置。这都是出于降低运输成本和节省生产成本的考量。新经济地理学理论认为,厂家在城市之间的交易成本是导致产业分散的主要原因,同时还影响着集聚经济效应的规模。所以当运输成本减少时,资源型产业对原产地的需求和面向市场对市场型产业的影响都会有所降低,从而相关产业和企业可以更加灵活地进行区位选择。

除了运输成本,劳动力成本也是生产成本的一部分。基于克鲁格曼提出的核心-边缘模型,企业区位选择取决于市场规模,市场规模又取决于人口规模和收入水平,而人口规模和收入水平取决于就业机会规模,也就是取决于劳动力生产要素。劳动力聚集可能会导致经济活动的突发性聚集,进而形成核心-边缘结构。理想状态下,劳动力会因工资差异而向高工资地区转移,最终达到一个相对平衡的状态,这有助于削弱生产的地方差异性。但如果劳动力要素受制于交通因素而无法实现完全的自发流动,产业布局限制则会同劳动力因素转移限制一同导致区域差异。作为区域间交通资源的补充,高铁可以弱化地理行政边界,加强区域间的联系,促进不同区域之间经济活动的融合,强化交通因素对劳动力要素流动的正向作用,使相关产业得到发展,并在沿线城市逐步形成新的更灵活的产业布局。高铁建设所引起的劳动力流动有可能会改变区位选择,促使产业集中在某个区域内,并通过市场效应扩大市场规模,促进经济发展。同时,企业聚集产生的聚集效应会对当地居民造成生活成本效应,从而进一步增强区域市场的吸引力,扩大高铁建设通过循环累积因果效应对区位选择的改善。但是,与此同时,不可忽视的是由于要素流动的限制被削弱,导致聚集的同质企业间的竞争加剧,从而对产业区位选择又会产生分散作用。总的来说,高铁建设会打破区域间原有的周期性因果平衡,形成工业空间分布的新合力。

成本节约还体现在信息成本方面。在当今信息化和大数据时代,信息也是生产力。及时获取技术材料和市场信息的重要性日益凸显。"信息是稀缺的经济资源""获得信息要付出成本"已成为企业共识。已有研究表明,信息成本与距离成正比,距离越远,运输成本越大,同时所获得的信息也越不完全。信息成本的存在致使产业中企业倾向于集中在一起以降低信息成本,同时避免因信息不足或者获取效率低下而导致竞争力不足。在选择地点时,企业更倾向于选择距离成本较低的地点。从信息成本的角度来看,即使拥有原材料和工资等成本较低的优势,但信息受阻区域也很难成为许多产业特别是高新科技产业的区域发展选择。高铁开通运营则有效地缩短了高铁沿线区域内的出行时间,加速了城市间技术流、信息流的交换(传递、获取)和共享,减少了信息用户花费的时间和费用,从而降低了信息成本。

6.2.2 高铁建设下的知识外溢

除了上述分析的成本节约,知识溢出效应也是高铁建设影响产业区域区位选择的内在原因之一。阿罗最早从外部性就外溢效应对于经济增长的作用进行了解释。之后,罗默提出了内生经济增长理论,并提出了知识溢出模型。他认为知识具有溢出效应,这一区别于其他商品的特点使得所有厂商的知识都可以做到提升整个社会的生产力。知识溢出效应在一定程度上可以促进技术进步,而内生的技术进步是经济增长的重要动力。基于知识溢出效应,生产者想要提高生产效率就不仅局限于通过大量投入来积累生产经验这种方式,还可以通过借鉴学习知识来提高自身能力。这两种方式带来的生产效率提高促使知识生产要素带来更大的回报,并且在一定程度上也会提升非知识生产要素(如资本、劳动)的收益。

知识溢出效应的影响因素主要有 4 个:空间距离、市场结构、接受能力和社会网络。其中,空间距离的影响是比较显著的。知识管理理论将知识分为两大类:显性知识和隐性知识。显性知识是可以通过语言、文字等编码方式进行传播学习的,基本不受距离的影响;而从经验中累积获取、不易用如显性知识一般的编码方式进行传播和学习的隐性知识的扩散则需要面对面地进行交流,这使得隐性知识的传播成本受距离的影响较大。而技术知识虽有部分是显性知识,但也存在与经验积累有密切关系的隐性知识。所以,当交通不便利的时候,技术知识的外溢在空间范围上是受限的,即存在一定的传播扩散阻力,从而导致技术创新进度缓慢。而高铁的建设促进了区域内生产要素的快速流动,从而可以在该区域内聚集同类型的产业。通过高铁站点的布局来建立区域间的空间连接以缩短区域间的空间距离,而这将很好地促进隐性知识的传播。一方面,它加强了企业间的沟通,使得竞争压力更加明显,导致企业技术水平提升周期缩短;另一方面,它还促进了劳动力之间的交流,通过工资水平的差异来影响劳动力的供给情况,从而实现不同产业间生产要素的优化分配。

6.2.3　高铁建设与社会经济活动区位再选择

产业在进行区位选择时会考虑所选区位的预期回报率以及可保证的回报率下的净收益。传统区位选择理论认为,经济活动转移的关键因素是运输成本,区位变动情况主要由运输成本的变动所致。而从动态区位选择理论的角度来看,存在多方因素共同影响着区位选择,这些因素包括市场开放程度、要素的替代弹性和制度等。

高铁建设会影响运输成本,依据区位选择理论,这在一定程度上就会左右产业区位的选择。广义的运输成本包括生产过程中的运输费用和劳动力在区域间转移的成本。因为区位选择无法轻易发生改变,影响运输成本的交通情况短时间内也不会有太大变化,所以进行产业区位选择时会交叉比较区位的预期市场规模和预期回报率,并倾向于选择更大的市场规模和更高的预期回报率。另外,高铁建设会影响居民可达性和厂商可达性。其中,居民可达性主要影响市场规模。高铁建设所带来的人员流动性的增加促进了相关产品服务的需求提升,从而进一步推动着产业发展,而产业发展又将提升劳动力需求并导致更大的人员流动,人员流动又再作用于产业发展,如此循环最终将促使高铁沿线城市的规模逐渐扩大。至于厂商可达性,更多的是对企业的区位选择产生影响。高铁建设带来的时空压缩效应降低了企业生产活动的空间壁垒,提升了市场开放程度。同时,随着市场规模的不断扩大,企业选址变动成为可能,进而影响周边区域的产业布局结构。

"同城化效应"和"三小时经济圈"都是高铁对区位再选择的影响的体现。北京、上海等特大规模城市具有的工作居住相分离的模式是基于高铁相通带来的短途快速出行的一种存在,这使得周边城市承载了这些城市溢出的需求,也提升了周边城市的住房与服务业需求。高铁配合其他交通方式共同实现了区域间的经济联动。典型代表有长株潭"3+5"城市群,通过城际铁路网的建设促进了城市群整体经济的发展。

一般认为,第三产业尤其是生产性服务业的比重会随着城市规模的扩大而有所提升,而第二产业的比重则会有所降低。究其原因,应当是城市规模的扩大导致了第三产业规模经济的产生。以生产性服务业和制造业为例,生产性服务业需要的生产要素更多的是劳动力、资本和技术,这些生产要素更多地集中于大规模城市,而制造业对原材料的需求与城市规模的关联度却不大。至于交易成本,制造业在进行区位选择时因考虑到运输成本故而会更多地偏向原料资源和市场;生产性服务业则更多地关注通信费用这类的交易成本,对运输成本的敏感度较低。在大规模城市中,通信费用等是相对较低的,这进一步促进了生产性服务业在大规模城市中的发展。对于受通信影响显著的生产性服务业来说,存在较大的知识溢出效应,通过行业间和企业间面对面的交流可实现信息交换,因此生产性服务企业(以高新技术企业为典型代表)往往会形成集聚以获得知识外溢带来的积极效应。但当城市规模达到一定程度时,生产性服务业反而倾向于分散。这是由于城市规模的扩大所导致的土地价格上升使得生产性服务业的区位再选择的成本有所提高,而当成本高于预期回报时,就会产生发散的情况。所以说,城市规模扩大对产业的聚合效应是呈倒 U 形变动的,产业的聚合或分散是随着城市规模变动而动态变化的。

基于上述分析可知:首先,生产成本与预期收益共同作用于经济活动的区位选择。区域间生产要素具有流动性,尤其是劳动力生产要素会削弱生产成本对区位选择造成的限制。其次,高铁建设导致的生产要素流动性增强会对产业产生两种截然不同的力:聚合力和分散力。其中,聚合力主要是由较高的就业吸引力和发展前景产生的,而过度聚集导致的成本增加又会形成分散力。这两种力会随城市规模大小的变化而有所不同,二者共同作用于区域间的区位再选择。同时,因为高铁压缩了空间距离,空间壁垒减弱,"一小时生活圈"和"三小时经济圈"逐步形成,区位选择受运输成本等传统交易成本的影响被削弱,从而出现了产业区域再选择的情况,并产生投资乘数效应。除了直接效应,高铁建设还带来了一定的间接效应——关联产业发展。最后,产业的聚集和分散形成了差异化的区域产业优势和竞争力,并通过如图 6-1 所示的传导机制使区域间产业结构及产业发展优势发生变动。

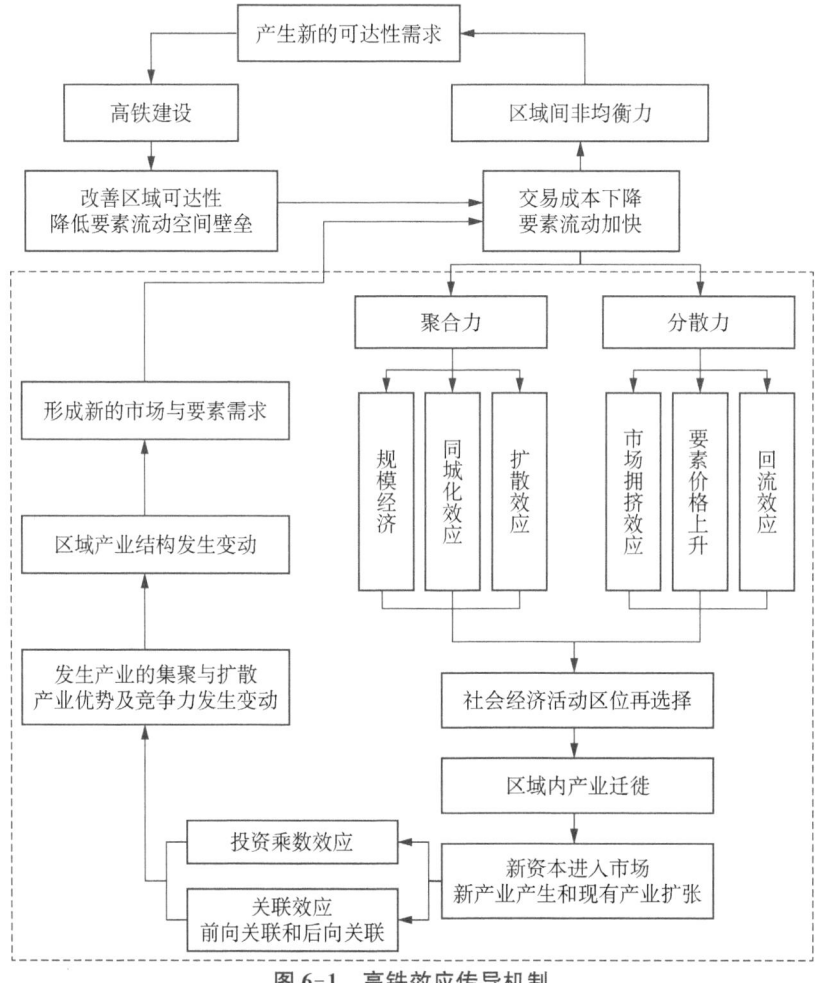

图 6-1　高铁效应传导机制

6.3 高铁对不同区域产业结构的影响

下面以京广高铁为例,就高铁对不同区域产业结构的影响进行详细说明。

采用偏离-份额分析法来分析区域产业的布局变化与区域间经济发展的差异。选取标准区域的经济发展情况作为对照组(通常使用国民经济发展水平),按区域增量 N、产业结构增量 P 和竞争力增量 D 将研究区域的经济总量增量进行分解。

假设 X_{ij} 代表 i 区域的 j 部门初始时期的经济变量,X_{tij} 代表 i 区域的 j 部门在 t 时期的值,则在 $[0,t]$ 期间的经济总量增量 G_{ij} 可以用式(6-5)表示:

$$G_{ij} = N_{ij} + P_{ij} + D_{ij} = X'_{ij} - X_{ij} \tag{6-5}$$

式中 N_{ij}——区域增量,表示 i 区域 j 部门产值以全国经济的增长率应实现的增长份额;

P_{ij}——产业结构增量,表示按 i 区域内 j 部门增长率计算的增长额与按全国经济增长率所实现的增长额之差,是 i 区域对于总量增长的贡献程度的一种体现;

D_{ij}——i 区域中 j 部门竞争力增量,表示按 i 区域内 j 部门实际增长率所实现的增长额与按全国经济 j 部门增长率所实现的增长额之差,是 i 区域内 j 部门的相对竞争力大小的体现。

6.3.1 以从业人数计算的结构与竞争力变化

首先,采用偏离-份额分析法,以京广高铁开通前后十年间从业人数的变化作为研究对象,对高铁开通运营前后从业人数变化进行基本的判断。表 6-7 展示了 2005—2014 年这十年间第二产业和第三产业从业人数的变化情况。从表 6-7 中从业人数增量数据不难看出,武汉、孝感、咸宁、长沙、株洲、郴州、韶关和清远这些城市的第二、第三产业从业人数在高铁开通运营后发生了显著变化,这表明第二、第三产业在高铁开通运营后均得到了较大发展。

表 6-7 京广高铁沿线城市产业从业人数增量　　　　单位:万人

城市	2005—2009 年第二、三产业从业人数增量		2010—2014 年第二、三产业从业人数增量	
	第二产业	第三产业	第二产业	第三产业
武汉	-1.41	-6.33	13.87	77.63
孝感	3.27	0.67	7.81	4.98
咸宁	-0.25	1.8	1.77	5.17
长沙	5.03	10.34	8.78	47.29
株洲	-0.93	2.06	2.11	9.06
衡阳	2.77	2.45	-0.26	10.86
岳阳	2.07	3.6	-1.47	10.17

(续表)

城市	2005—2009年第二、三产业从业人数增量		2010—2014年第二、三产业从业人数增量	
	第二产业	第三产业	第二产业	第三产业
郴州	1.03	1.2	1.97	6.53
广州	13.82	18.59	13.64	132.83
韶关	3.04	1.3	3.09	7.41
清远	2.77	0.43	5.82	3.99

另外,通过高铁开通运营前后数据对比分析可以看出,2010—2014年第二产业和第三产业的从业人数变动幅度要大于2005—2009年高铁开通前的。为了更好地对从业人数增量加以分析,将总量增长按偏离-份额分析法进行分解,得到区域增量 N_{ij}、产业结构增量 P_{ij} 和竞争力增量 D_{ij} 三部分,结果如表6-8、表6-9所列。

表6-8 2005—2009年高铁沿线城市产业从业人数偏离份额值

城市	第二产业			第三产业		
	N_{ij}	P_{ij}	D_{ij}	N_{ij}	P_{ij}	D_{ij}
广州	8.311	-2.356	7.865	11.133	3.973	3.484
长沙	2.101	-0.596	3.524	3.413	1.218	5.709
郴州	0.300	-0.085	0.815	0.528	0.188	0.483
咸宁	0.178	-0.051	-0.378	0.312	0.111	1.377
岳阳	0.867	-0.246	1.449	0.590	0.210	2.800
孝感	0.425	-0.121	2.965	0.452	0.161	0.056
清远	0.256	-0.073	2.586	0.364	0.30	-0.063
韶关	0.602	-0.171	2.608	0.613	0.219	0.469
株洲	1.359	-0.385	-1.903	0.666	0.238	1.157
衡阳	0.917	-0.26	2.113	0.782	0.279	1.389
武汉	6.373	-1.807	-5.976	8.515	3.038	-17.884

表6-9 2010—2014年高铁沿线城市产业从业人数偏离份额值

城市	第二产业			第三产业		
	N_{ij}	P_{ij}	D_{ij}	N_{ij}	P_{ij}	D_{ij}
广州	42.136	8.536	-37.032	58.418	-10.081	14.370
孝感	3.505	0.710	3.597	2.190	-0.378	4.949

(续表)

城市	第二产业			第三产业		
	N_{ij}	P_{ij}	D_{ij}	N_{ij}	P_{ij}	D_{ij}
清远	2.428	0.492	2.900	1.755	-0.303	2.445
郴州	1.733	0.351	-0.116	2.872	-0.496	-0.179
株洲	5.691	1.153	-4.732	3.985	-0.688	-0.376
韶关	3.782	0.766	-1.458	3.259	-0.562	-1.617
咸宁	1.003	0.203	0.569	2.274	-0.392	-1.642
衡阳	5.119	1.037	-6.416	4.776	-0.824	-2.642
岳阳	5.898	1.195	-8.562	4.473	-0.772	-3.451
长沙	10.995	2.227	-4.446	20.798	-3.589	-8.889
武汉	26.484	5.365	-17.978	34.141	-5.892	-19.501

依据偏离-份额分析法,产业结构增量 P_{ij} 是按 i 区域内 j 部门增长率计算的增长额与按全国经济增长率所实现的增长额之差进行计算的,以单独分析 i 区域对于总量增长的影响和贡献程度,P_{ij} 值越大,说明 i 区域对整体总量增量的贡献越大。图 6-2 所示的是按从业人数进行计算的样本城市的第二产业结构增量的变化,体现了第二产业对于高铁开通运营前后基于从业人数数据的贡献率的变化。图 6-2 中按顺时针方向城市规模逐渐减小。可以从该图中获取如下信息:首先,各区域第二产业的贡献率在高铁开通后均有所提高,表现为开通后的虚线曲线处于开通前实线曲线的外围;其次,不同规模的城市其第二产业的产业结构增量是不同的,相对而言,规模大的城市其第二产业的贡献率要比规模小的城市的更多一些。而且这几个样本城市的 P_{i2} 在高铁开通之后基本均实现了由负转正,这表明高铁开通后第二产业有效地促进了总体从业人数的增加。以郴州为例,第二产业结构增量从高铁开通前的 -0.085 变化为开通后的 0.351。京广高铁开通后,郴州被纳入长株潭"3+5"城市群和珠三角"一小时经济圈"中,在实现全球最大的交换式电源供应器的制造厂商台达企业入驻的同时,也带动了关联企业在郴州的布局。由于高铁开通运营后,郴州与长沙的同城效应逐渐显现,区位优势更加显著,因此 2010—2014 年全市利用外资总额和到位内资总量分别达到了前 5 年的 2.08 倍和 1.98 倍。

图 6-3 所示的是按从业人数计算的样本城市的第三产业结构增量的变化。与第二产业的产业结构增量变化情况不同,第三产业的产业结构增量与城市规模变动方向相反,即规模小的城市比规模大的城市第三产业产业结构增量降低幅度更小。考虑到第三产业从业总人数呈现增长趋势,产业结构增量的变化与从业人数之间不存在显著的相关关系。对于中小规模城市来说,小幅度下降的产业结构增量在总体从业人数增加的情况下,第三产业对从业人数的贡献还是比较可观的。

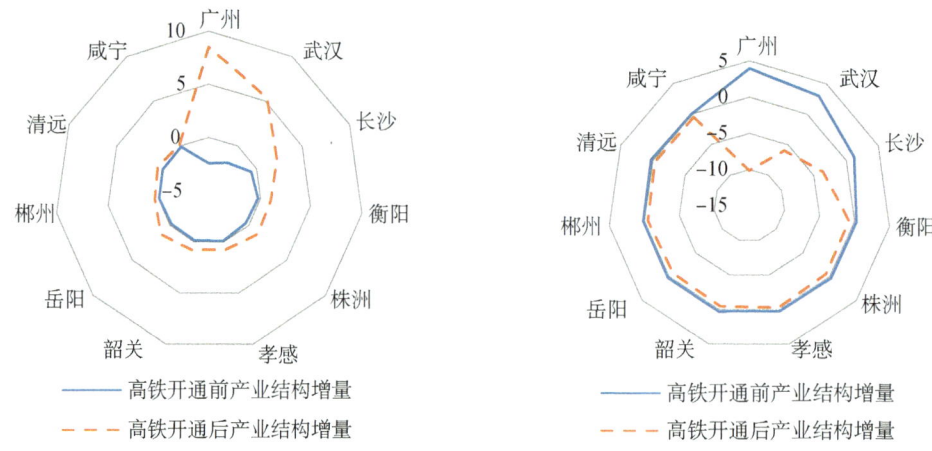

图 6-2 第二产业结构增量变化情况(以从业人数计)　图 6-3 第三产业结构增量变化情况(以从业人数计)

6.3.2 以产值计算的结构与竞争力变化

除了以从业人数,还可以通过产值来表示相关产业的变化情况,并且产值作为经济体现相比从业人数更能反映出各产业的经济贡献程度以及生产效率差异。产值数据源于《中国城市统计年鉴》地级及以上城市的市辖区产值,选取 2005—2014 年这十年的数据。

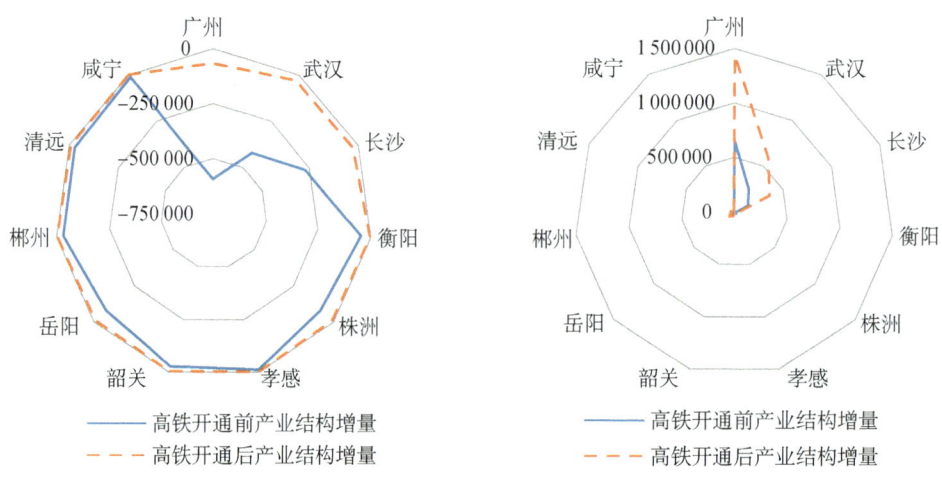

图 6-4 第二产业结构增量变化情况(以产值计)　图 6-5 第三产业结构增量变化情况(以产值计)

由图 6-4 和图 6-5 可以看出,高铁开通运营之后,不同样本城市的第二产业和第三产业的产业结构增量均有了不同程度的提升。细化分析,高铁开通运营前,第二产业的结构增量都是负值,而第三产业的结构增量均为正值,这说明样本城市的第三产业相较于第二产业对整体经济增长的贡献度更大。在不考虑长沙、武汉和广州等省会城市的产业结构增量的情况下,中等规模城市(如株洲和岳阳)相对于规模更大的城市,在高铁开通运营后其第三产业的产业结构增量更高。分析其原因可能是高铁开通运营后改善了中等规模城市远郊地区原本受制于本地资源的情况,转变了远郊地区相对落后的情况,高铁站周边地区间接受益。随着地方政府加强对高铁站点周边地区的建设,中等规模城市高铁周边的新城开发蓬勃发展,从而带动了相关产业的同步发展。同时,可以发现产业结构增量随城市规模的不同正向变动的总体趋势,即规模越大的城市,其第二产业和第三产业的产业结构增量总体提升幅度越大。

图 6-6 和图 6-7 分别显示了以产值计算的第二产业和第三产业的竞争力增量。由图 6-6 可知,首先在高铁开通运营后规模大的城市的第二产业竞争力增量总体而言在样本中是排名靠前的,这表明规模大的城市其第二产业在高铁开通运营后的竞争力有显著提升。其次,城市规模越大,高铁开通运营前后其第二产业的竞争力增量提升的幅度就越大,这意味着高铁开通运营更大幅度地加强了大规模城市第二产业的竞争优势。同时,结合前文的分析结果,表明在大规模城市中高铁开通后使得各类生产要素聚集与交易成本下降,从而促进了第二产业的发展,进一步提升了高铁沿线城市第二产业的竞争力。如图 6-7 所示,省会城市第三产业的竞争力增量在高铁开通后的改善程度相对其他各种规模城市更明显一些,其次中等规模城市的竞争增量改善也相对不错。这表明高铁开通运营后改善了区域间的交通可达性,降低了劳动力流动的空间壁垒,使更多的劳动力向发展更快的省会城市聚集;同时,部分劳动力、技术、资本等生产要素流入中等规模城市,增强了省会城市和中等规模城市的第三产业竞争力。

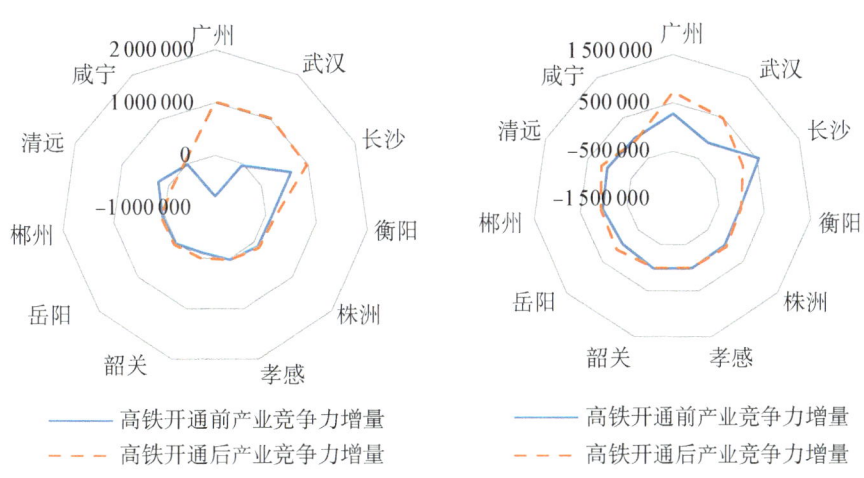

图 6-6　第二产业竞争力增量(以产值计)　　图 6-7　第三产业竞争力增量(以产值计)

基于京广高铁途经的 11 个城市从业人数与产值的偏离-份额分析,发现高铁的开通运营给不同城市带来的产业布局和产业优势存在显著差异。样本城市在高铁开通运营后以从业人数计算的第二产业的产业结构增量为正值,其劳动力的吸纳能力增强;然而以产值计算的第二产业的产业结构增量却仍为负值,说明其对经济增长的贡献率较低。究其原因,结合不同城市的产业特点进行分析,一方面是第二产业经济产出占比较低;另一方面是产业布局改变,增加的劳动力转到了生产制造业,因而出现从业人数增加但经济贡献不足的现象。此外,第三产业以产值计算的产业结构增量都为正值,反映了第三产业对经济增长具有显著的拉动作用。

对比中等规模城市与大规模城市发现,以从业人数计算,大规模城市有着更大的第二产业结构增量,这表明大规模城市的第二产业可以吸收相对更多的劳动力。同时,以产值计算,大规模城市的第二产业竞争力增量也体现出大规模城市在第二产业上有较强的竞争力。在经济贡献率方面,第三产业结构增量在高铁开通运营前后的表现要优于第二产业,这也反映出第三产业在拉动经济增长方面具有显著作用[35]。

6.4　本章小结

本章以高铁产业系统作为切入点,从高铁相关产业关联、高铁对产业结构作用机理以及高铁对不同区域产业结构的影响三个方面进行分析。

利用投入产出分析法进行相关产业关联分析,通过消耗系数(直接消耗系数与完全消耗系数)、分配系数(直接分配系数与完全分配系数)和影响力系数来细化分析后向关联产业、前向关联产业及波及效应,发现从产业大类来讲,高铁产业的影响主要集中在第二产业和第三产业。而高铁建设所带来的成本节约、知识外溢以及社会经济活动区位再选择是造成产业结构变动的部分内在机理。不同区域高铁对产业结构带来的产业发展状况和产业经济贡献大小以及生产效率的影响也存在差异,这与城市自身规模及城市发展阶段有一定的关系。

第 7 章
高铁产业布局

7.1 高铁产业布局原则

高铁产业布局规律决定着产业布局的基本原则,而产业布局的基本原则同样也对应了产业布局规律的内在要求。当产业布局规律发挥作用时,高铁产业在地域空间上的组合与分布也就有了客观依据,这就是高铁产业布局的基本原则。

1. 经济效益原则

经济效益原则要求高铁产业应从经济效益的角度出发来选择优越的区位以确定其产业布局。合理的高铁产业布局能以最小的经济消耗获得最大的经济效益。高铁是交通运输业中的一种。而交通运输业作为我国经济社会建设和发展的基础性行业,其发展应根据当地的劳动力需求、市场需求、区位需求等多种因素进行综合考虑后确定。

此外,由于高铁建设投入成本严格控制,并且拥有统一的标准,所以就应从经济效益原则出发,在成本最小的情况下,谋求最大的经济效益。在人口较为密集、人口流动较为频繁、商业运输需求较高的城市密集区域,优先发展高铁产业就很符合高铁产业布局中的经济效益原则。

2. 全局性、长远性和预见性原则

由于高铁产业是国家基础交通运输的保障,所以必须从产业发展与整个国民经济和社会发展的战略高度上来认识和实施高铁产业布局。高铁产业布局的全局性原则要求充分发挥各地区的比较优势,充分协调局部和全局之间的相互关系,当局部利益与全局利益存在矛盾时,应做到局部利益服从全局利益。高铁产业布局的长远性原则要求根据各个时期经济建设的需求来进行高铁产业布局。高铁是基础设施,从当前与长远的相互关系来看,当前利益和长远利益存在矛盾时,应做到当前利益服从长远利益。高铁产业布局的预见性原则要求根据需求进行高铁产业布局,协调产业实施和规划之间的相互关系,以规划为原则。只有高铁产业布局实现全局性、长远性和预见性,才能在全国范围内实现高铁产业布局的合理分工协作和区域经济的协调发展,真正发挥比较优势,避免重复建设,从而减少资源浪费。

3. 分工协作原则

高铁产业布局应以区域情况的差异为前提,区域情况既是区域分工的主要条件,也是高铁产业发展的必要基础。从相关产业来看,高铁和轨道交通设备、铁路运输设备制造业、石油和天然气开采产品、石油和天然气开采业、开采辅助服务和其他采矿产品、石油及核燃料加工业、保险业等产业与高铁的制造和运行密切相关。为了满足区域产业协调合作和经济交换的前提条件,这些产业间应以分工协作为基本原则。这个原则要求高铁产业布局应建立在区域情况禀赋及差异之上,且充分分析当地各个产业的优势情况。

发展高速铁路应就这些产业的优缺点进行分析,以表示这些产业在区域分工与地区综合发展方面的关系。根据分工协作原则进行高铁产业布局,不仅能发挥出区位优势,还能最大程度地节约劳动力与资源,促进相关产业发展,保障货物的流通、运输和交换,使得各地区经济一体化的进程加快,从而更好地促进整体经济的发展。

4. 集中与分散原则

高铁产业布局在空间上的集聚呈现出集中和分散两种趋势,高铁产业集聚布局主要体现其相关产业优势,如高铁硬件设备产业在某一区域聚集,能源动力产业在某一区域聚集,有关高铁的金融服务业又在某一区域集聚。从整体来看,某一类似产业在全国范围内的布局又较为分散,体现出某一地区重点发展某一产业的形势。我国的高铁产业布局,将集聚和分散有机地结合起来,从因地制宜的角度出发,实现了高铁产业布局的适度集中与相对分散之间的统一,并取得了较好的经济效益和社会效益。

5. 发挥地区比较优势原则

高铁产业布局要根据各地区的资源、分工、技术、国家的统筹规划等因素来确定,这些因素使得高铁产业的发展在空间的分散和集聚上表现出来的结果是地区差异性[32]。在制造业较强的区域发展铁路运输和城市轨道交通设备、铁路运输设备制造业,而在自然资源充足的地区发展能源动力产业等。地区比较优势在产业发展上一般体现为"点-线-面"递进式发展过程,这非常适用于高铁产业的发展。就高铁产业布局来说,应遵循高铁这一基础交通运输业的自身发展规律,再与其他形式的运输手段结合发展,并且考虑到少数优势地区的产业优先发展。因此,高铁产业布局需要适时进行调整,以便有效地发挥出地区比较优势,从而保持发达地区产业的快速发展。该原则既遵循了产业自身发展先后的非协调发展规律,又充分体现了高铁产业在空间布局上的相对差异性。

6. 可持续发展原则

可持续发展已成为促进经济、人口、资源、环境和社会协调发展的一项长期性重大战略。高铁作为国家基础设施,其规模大、影响深,因而更应遵循可持续发展原则。高铁产业的可持续发展是整个经济社会可持续发展的重要基础,只有实现合理的产业布局,经济效益、环境效益、社会效益的真正统一才有可能成为现实。但是,在发展高铁产业的过程中,这3个效益往往在实践中很难同时实现,因为产业布局的首要目的是实现并获得最大的经济效益,同时又要避免片面地追求经济效益而忽视环境效益和社会效益的发展误区。因此,高铁产业应在可持续发展方面多下功夫。

综合以上六大原则,高铁产业布局应做到以下三点:

(1) 合理规划,有机布局我国高速铁路产业。根据不同地区的经济发展需求,合理规划产业布局,逐渐建成布局合理、质量高、效率高的高速铁路产业。同时,还可以借鉴国外先进的高速铁路相关产业的经验,辅以国内实际情况,进行综合规划布局,并且注重相关产业间的联动效应,使它们成为一个有机的整体。

(2) 提升高速铁路产业技术创新能力。将信息技术普遍应用于高速铁路产业经营管理的各个方面。以铁路建设的信息化带动铁路建设的现代化,从而提高铁路建设的经营管理水平;注重对运输设备的研制和先进技术的借鉴与消化,不断提高运输设备的技术含量;注重对既有基础设施、电力系统、列车等改造的产业,通过科技创新和升级来降低运输成本,提高运输速度,从而提高市场竞争力,但同时要注意保护生态环境。要进一步完善安全监测、防灾减灾以及应急救援技术的产业体系。同时,要重视国际合作,以提升我国高铁相关产业在国际市场上的品牌影响力。

(3) 重视高速铁路产业与其他运输方式产业间的协调发展。高速铁路产业要与民航及公路等运输方式的相关产业共同组成一个有机协调的体系,从而使各产业间既相互竞争,又分工协作,从而实现有机结合,如此才能有效地促进高速铁路产业的可持续发展。

7.2 高铁产业布局的模式、特点、图谱及影响因素

7.2.1 高铁产业布局的模式和特点

高铁产业同相关产业联系在一起,形成了一个产业链。然而,要使产业具有较强的竞争力,其相关产业和辅助性产业的支撑是必不可少的。技术创新会在产业间出现溢出,某一产业的技术进步往往会通过产业链的传导输送到另一产业。因此,要研究高铁产业的竞争力就需要分析相关产业和辅助性产业。根据高铁建设的阶段和步骤来划分,可以分为 5 个阶段:高铁基本施工准备、基础设施建设、高铁车辆购置、智能化建设、运营与维护。从我国高铁产业链的上中下游的角度来看,高铁产业链向上游的延伸一般会涉及我国铁路基础产业的建设环节和铁路基础技术的研发环节,即铁路基本建设;高铁产业链向下游的拓展则可直接进入铁路市场的拓展与铁路资本运营以及服务拓展这两个环节,在高铁产业中即是为高铁运营服务提供信息化、能源的产业。相对上、下游产业而言,高铁车辆的九大核心技术即作为高铁运行的载体,属于中游产业。

1. 上游产业

高铁产业的上游产业主要涉及铁道的基本建设,包括铁道路基、桥梁和隧道,也包括铁路桥梁隧道基本建设所需的各类材料和设备,如建筑材料、水泥和工程机械等。我国铁路基本建设的投资规模巨大,约占我国铁路固定资产投资的 80%。包括高铁在内的轨道交通建设市场具有极高的进入壁垒,且专业性也非常强。铁路基础建设的专业性集中体现在轨道交通的基础工程勘测规划设计和建造过程中铁路隧道的开挖以及铁路大桥的架设等一系列

高难度、专业化的技术要求方面。在这些铁路建设行业重点领域中,中国中铁股份有限公司、中国铁建股份有限公司、中国交通建设集团有限公司、中国建筑集团有限公司是目前我国铁路建筑行业的四大龙头企业。它们充分依托各自在铁路建筑领域的经验和优势,积极参与我国高铁的基本建设。

中国中铁股份有限公司在桥梁和隧道还有地铁等领域有着很强的技术优势,在国内基建特别是轨道交通建设领域拥有很强的竞争力,并且在该领域它是国内市场中占有率最高的企业。中国中铁股份有限公司是我国桥梁钢结构行业的领先企业,除此之外,它目前在我国道岔市场也一直处于行业领先地位。中国中铁股份有限公司不仅拥有自主设计轨道打磨车、轨道车、电气化轨道作业车、电气化轨道探伤车的能力,而且在制造方面也有很高的造诣,具有非常显著的先进技术研发和产业化优势。在我国高速铁路建设和轨道交通市场中,中国中铁股份有限公司凭借其垄断的技术优势分别占据了这两个行业中超过50%和30%的市场份额。

中国铁建股份有限公司在高速铁路、沙漠戈壁、水下隧道、高原铁路和港口设计方面具有领先的技术优势,在轨道交通领域占有全国30%以上的市场份额。在京沪高铁建设中,中国铁建股份有限公司承担了近一半以上的设计和施工任务。

在港口设计和建设、疏浚行业和港口集装箱起重机等方面,中国交通建设集团有限公司是国际上极具竞争力的企业之一,拥有世界领先的海洋工程辅助船舶设计和制造能力,是世界一流的海工装备设计企业。

在中国,中国建筑集团有限公司在引进中高层和超高层公共建筑装饰工程技术以及高级公共建筑的装饰设备和工程技术水平等方面具有绝对的领先优势。在城际铁路建设方面,中国建筑集团有限公司具备精细化管理的能力,同时在城际铁路站房装饰工程承建管理方面的优势也较为突出。

2. 中游产业

高铁车辆拥有九大核心技术,包括总车、车体、转向架、牵引控制、牵引变压、牵引电机、牵引变流、列车网络控制和制动系统。铁道部早在2004年向日本川崎重工、德国西门子、法国阿尔斯通、加拿大庞巴迪等公司引进高铁技术时,便已按照高铁车辆的九大关键技术和主要的配套子系统来规划各子系统的技术引入、消化吸收以及后续进一步的创新平台建设。青岛四方、四方车辆研究所、株洲电力机车厂、株洲电力机车研究所、中南大学、浦镇车辆厂和铁科院机辆所等分别接纳吸收并自主研究了有关车体、转向架、动车组的核心、网络控制系统、交流传动牵引系统、头型设计和制动系统等的技术。

在总车、车体的技术研制方面,中国率先在高铁时速350 km的技术条件下,攻克了空气流体力学、减振降噪、车体结构气密强度、轮轨关系、大断面车体等一系列重大技术难题。截至2010年,中国高铁南车已经实现了以大功率柴油机车和高速电力传动车辆为基型的九大柴油机车核心技术及其关键部件的自主化研发和生产。

在转向架方面,我国实现了新的突破。"十三五"以来,在转向轮对组成中,车轮通过解锁或锁紧装置控制与地面装置的配合在车轴上横向移动,以满足不同的轨距尺寸规格要求,并完成了变轨式转向架的研制;测试平台的车速可达 600 km/h,具有世界先进技术。踏面的接触应力相较于欧洲标准降低了 10% 左右。

在电机、变压器、自动控制系统等方面,我国已经可以根据国外企业给予的设计图纸进行制造,但对于具体车体头型的设计原理仍知之甚少。另外,我国没能通过引进获得国外技术的相关参数、性能及结构可靠性的设计方法以及相关的数据库,更无法获得自动控制系统的核心技术(如软件源代码)。

在牵引系统和控制系统方面,1999 年从加拿大庞巴迪公司采购了"蓝箭"高速列车。2005 年引进了德国西门子的技术之后,我国基于其转让的很多引供电系统包括变压器和逆变器等技术来提升技术成熟度。但是很可惜,此次引进并没有获得整个牵引系统中最核心的软件系统技术。

在牵引供电系统方面,中国也未能通过技术引进获得最核心的技术。由于高铁供电的间断性,为了保持连续供电,在车辆经过段与段之间时需要通过断路器来操作。真空断路器的产品质量直接决定了高铁供电系统的可靠度。德国西门子生产的真空断路器能够使用 10 万余次而不出现故障,因此其占有全球 3/4 以上的市场份额。但是,在中国提出购买该项核心技术时遭到了德国西门子方面的拒绝。

就上述自动控制系统、牵引和控制系统、牵引供电系统而言,中国还没有取得相应的突破,依然靠着国外先进的技术、系统和核心软件。

总体来说,我国高速铁路企业如南车集团和北车集团通过研究国外先进技术,并在此基础上不断进行自我发展和创新,使其研发水平得到了迅速提升,相关专利申请数量也在逐年增加。其中,北车集团的专利申请以电力机车、试验台和变压器为主,占到总数的 27.9%,柴油机、散热器、冷却器占 19.3%,定位装置和工作台占 19.6%,转向架和缓冲器装置占 18.3%,发电机、通风机和电动机占 14.9%。南车集团的专利申请以转向架、铁路货车和装置为主,占到总数的 44.87%,开关、控制器、机车占 17.22%,齿轮、液压和液压缸占 20.52%,内燃机、发电机和柴油机占 9.22%,工作台、绝缘层和定位占 8.17%。两家企业在申请专利技术的占比方面反映出各自的技术优势。北车集团主要在电力机车、试验台和变压器等的研制方面具备较强的技术实力,而南车集团主要在转向架、铁路货车和装置等方面具备很强的竞争优势。

3. 下游产业

高速铁路通信信号系统是铁路运营的核心系统,它不但能保证高速铁路的行车安全,还能提高运输效率。

电力牵引供电系统是列车在正常高速运行下必须完全依赖的动力来源,具有强大、持续、稳定的特点。列车的供电牵引系统主要负责向高速电力牵引列车提供电能,为高速电力牵引列车的高速运行提供强大动力,是高铁电力牵引技术和体系中一个关键的组成部分。它的良好运行是高速电力牵引列车能够安全可靠运行的基础保障。由于高速电力牵引列车运行速度快且电流大,因此这就对列车的供电牵引系统的供电质量及可靠性提出了很高的技术要求。以京沪高铁为例,其为高速列车供电的网络主要由铁道部和国家电网集团公司提供。中铁电气化局则主要承担我国铁路牵引供电系统的关键技术创新,承建我国重大高铁项目(如京津城际铁路、沪杭高铁、哈大高铁等)的牵引供电系统集成工程[36]。

7.2.2 高铁产业布局图谱

从前文的分析可知,高铁产业涉及上、中、下游产业,为了进一步拆分高铁产业链,我们依据高铁完整建设需要涉及的产业进行铺展来分析高铁产业布局图谱。

从高铁设计到施工,最后到运营维护使用共包含5个阶段:施工准备、基础设施建设、车辆装置、智能化建设和车辆检修与维保。

1. 施工准备

高铁的施工准备主要从规划设计、征地拆迁、投融资、招投标等项目展开。由中国铁路总公司负责这一阶段的工作。该步骤主要是进行高铁运行线路规划设计、对土地进行拆迁征购等准备工作。

2. 基础设施建设

1) 桥梁路基工程

高铁的桥梁路基工程由中国铁建股份有限公司(北京)、中国中铁股份有限公司(北京)、中铁二局集团有限公司(四川成都)、中国建筑集团有限公司(北京)、中国交通建设集团有限公司(北京)、中铁隧道股份有限公司(河南郑州)等公司承办。

2) 轨道工程

高铁的轨道工程由成都市新筑路桥机械股份有限公司(四川成都)、株洲时代新材料科技股份有限公司(湖南株洲)、晋亿实业股份有限公司(浙江嘉善)、鞍钢股份有限公司(辽宁鞍山)、内蒙古包钢钢联股份有限公司(内蒙古包头)等公司承办。

3) 施工设备

高铁的施工设备由三一重工股份有限公司(北京)、徐工集团工程机械股份有限公司(江苏徐州)、中联重科股份有限公司(湖南长沙)、威海华东数控股份有限公司(山东威海)、青岛华桑科技有限公司(山东青岛)、秦川机械发展股份有限公司(陕西宝鸡)等公司承办。

高铁基础设施建设产业主要分布在北京、山东、辽宁等地区(表7-1)。基础设施建设,尤其是桥梁隧道等大型基础工程是由国家主导,大型国企进行规划、建造的,因此该产业大多聚集在我国的政治中心——北京。而山东作为我国经济发展位于前列的大省,其工业水平较高,能够促进类似产业的发展。辽宁和包头地区由于拥有重工业基础,在机械设备、钢铁冶炼等方面具有明显优势,因此与施工设备与铁轨相关的产业大多在这些区域布局。

表7-1 高铁基础设施建设的产业布局

产业名称	布局地区
施工机械设备	江苏、湖南、山东、陕西、北京
轨道工程	四川、湖南、浙江、辽宁、内蒙古

(续表)

产业名称	布局地区
桥梁工程	北京
路基工程	北京
隧道工程	北京、河南
建筑基础工程	北京

3. 车辆装置

1) 整车配置

高铁的整车配置由中国中车股份有限公司(北京、青岛、南京)、包头北方创业股份有限公司(内蒙古包头)、南方汇通股份有限公司(贵州贵阳)、中国北车集团唐山机车车辆厂(河北唐山)、北京四方继保自动化股份有限公司(北京)、中车长春轨道客车股份有限公司(吉林长春)等公司承办。

2) 车辆配件

高铁的车辆配件由博深股份有限公司(河北石家庄)、湖南博云新材料股份有限公司(湖南长沙)、浙江永贵电器股份有限公司(江苏泰州)、晋西车轴股份有限公司(山西长治)、太原重工股份有限公司(山西太原)、浙江天马轴承股份有限公司(浙江杭州)、南京康尼机电股份有限公司(江苏南京)等公司承办。

与高铁车辆整车相关的产业布局主要集中在以中国中车股份有限公司为核心的周围(表7-2),这是由国家政策等社会因素导致的。中国中车股份有限公司是高铁整车的主要研发、制造国企,同时其供应商分布在自然资源(如矿石等材料)的原产地区域。与高铁车辆配件相关的产业分布较为分散,主要在中原地区和长三角地区。

表7-2 高铁车辆相关的产业布局

产业名称	布局地区
整车配置	北京、山东、江苏、内蒙古、贵州、河北、吉林
车辆配件	浙江、河北、江苏、湖南、山西

4. 智能化建设

1) 电气化工程

高铁的电气化工程由宝胜科技创新股份有限公司(江苏扬州)、创元科技股份有限公司(江苏苏州)、青岛特锐德电气股份有限公司(山东青岛)、卧龙电气驱动集团股份有限公司(浙江绍兴)等公司承办。

2) 信息化工程

高铁的信息化工程由河南辉煌科技股份有限公司(河南郑州)、北京世纪瑞尔技术股份有限公司(北京)、广电运通集团股份有限公司(广东广州)、同方股份有限公司(北京)等公司承办。

高铁的智能化建设是高铁作为高新技术的一个重要体现,该产业极度依赖人才基础,需要在知识密集的地区发展。因此,该产业主要分布在长三角、北京、广州等人才集聚地。高铁智能化建设的产业布局如表7-3所列。

表7-3 高铁智能化建设的产业布局

产业名称	布局地区
电气化工程	浙江、山东、江苏
信息化工程	北京、广东、河南

5. 车辆检修与维保

1)运行监测、检测

高铁车辆的运行监测、检测由神州高铁技术股份有限公司(北京)、北京康拓红外技术股份有限公司(北京)、成都运达科技股份有限公司(四川成都)、南京康尼机电股份有限公司(江苏南京)等公司承办(表7-4)。

表7-4 高铁车辆运行监测、检测和维修的产业布局

产业名称	布局地区
运行监测、检测	北京、四川、江苏
维修	北京、江苏、山东

2)维保

高铁车辆的维保由中国中车股份有限公司(北京、青岛、南京)、各铁路局等承办(图7-4)。

高铁产业的整体布局呈现出"大分散、小集中"的特点,这主要受自然条件、地区经济、国家政策等的影响。

7.2.3 高铁产业布局的影响因素

高铁产业隶属于交通运输业。交通运输业作为我国经济社会建设和发展的一个基础性行业,其发展应根据当地的劳动力需求、市场需求、区位需求等多种因素综合考虑后确定[34]。具体来说,主要从4个方面进行考虑:人力资本、原材料、技术要素、政策与战略。下面将分析这4个影响因素是如何作用于高铁产业布局的。

1. 人力资本

随着市场经济的形成和发展,我国的经济和产业结构发生了巨大变革,从传统的劳动密集型转变为现代的资本密集型新兴产业。与此同时,日益复杂的生产技术对工人的技能提出了新的高要求,且熟练工人在生产过程中的作用也越来越受到重视。我国的劳动力尤其是熟练工人,具有数量大、成本低的特点,同时具备较高的专业素质。高铁建设过程中需要大量的水泥、钢铁、建筑、电焊和工程机械等方面的熟练技术工人。我国高铁产业在国际上

具有竞争优势的一个重要原因是人力成本较为低廉。与此同时,一大批高等铁路职业院校为高速铁路的发展培养了众多专业技术人才。这些基础劳动力人才促进了当地的产业部署。

2. 原材料

在我国高铁总造价中,除了车辆本身的成本外,路基、轨道、桥梁、隧道、供电网等高速铁路基础设施的造价是其中的主要部分。这些基础设施的造价占到整个高速铁路工程实际总造价的60%~70%。目前,中国不仅在高铁的机车设备制造方面,而且在高速铁路工程基础建设的总承包方面都具有非常强的综合竞争力和成本优势。

中国高铁在造价上除劳动力成本较低以外,在原材料方面(如钢铁、铜、铅等)也具有成本优势。原材料及主要零配件的采购是高铁建造投入的主要部分,关系着机车生产和铁路基础设施建造,其造价约占高铁整体造价的70%。传统的轨道基建材料和机车制造零配件涉及钢轨、铁路扣件和铁路弹性元件、防水材料及车厢、车轴和车轮等许多行业,拥有十分广阔的市场空间。金属材料特别是钢铁、铜、铝等重要的金属建筑材料在铁路建造中发挥着重要作用。

首先,钢铁材料。钢铁产业是高铁重要的上游产业,高铁产业对钢材的需求量巨大。在京沪高铁的建设过程中,平均一天就要使用约1万t的钢筋,而整条京沪高铁线路的钢材使用量约为500万t。除了需要大量的钢材外,高速铁路建设对于钢材的品种、规格和强度级别等性能也有很高的要求。在高铁建设过程中,钢材主要用于铁路基建、高速列车和客运车站的建设。而桥梁建设、路基建设、轨道建设和机车车辆采购则是铁路投资总额中最主要的投资领域。因此,桥梁钢、钢筋和轨化钢丝等用于桥梁和路基建设的钢材占有较高的比重。

其次,铜及铜合金材料。列车导线的生产和安装关系着列车的运行安全。目前,在电气化铁路接触网器材生产中被广泛使用的高强高导的合金材料为铜镍硅合金材料。这种材料具有高耐磨和抗高温软化的特性,同时具备较好的抗拉和延伸强度。我国高铁建设每年对铜镍硅合金材料的需求量高达6 000 t。2007年,中铝洛阳铜业有限公司是国内首家研发生产出高铁用铜镍硅合金材料的企业,成功为我国高铁产业提供了原材料,并且该材料成功在武广高速铁路和郑西高速铁路上应用,在国内市场占有率达七成以上。拉法格高铁铜材有限公司具有年产4万t以上高铁铜材的能力,主要为我国高铁接触线、吊弦、承力索等提供铜合金材料。如此便打破了我国高铁用铜合金材料依赖进口的困局。

最后,铝及铝合金材料。这一材料是实现高铁车辆轻量化的最好材料,它具有质量轻、强度高、成型优、耐腐蚀、可再生等特性。当铝合金材质被大量用于高铁车厢时,可大幅减少车辆的重量,从而产生更大的牵引动力。十年前,我国轨道交通车体铝型材的使用主要依赖于进口,而进口车体铝型材每吨的价格几乎是铝锭价格的10倍。高铁建设巨大的需求和高额的进口成本让国内许多铝材料企业看到了机遇。于是,部分材料企业的产品逐渐从普通的建筑型铝材和工业铝材转向轨道交通车体铝型材,并且在转变的过程中,各大企业不断进行技术攻关。为了解决铝的供应问题,中国铝业股份有限公司与瑞典萨帕集团通过合资办厂的形式,共同开发轨道交通车体铝材料。

原材料的供应使得接近原材料的地区更有可能部署高铁相关产业。

3. 技术要素

1）技术累积

近年来,我国高铁产业取得的迅速发展,以及具备的强大国际竞争力,与以高铁动车组为主要代表的高速列车技术的发展密切相关。先进的技术水平既是中国高铁实现长足发展的根本动力,也是中国高铁不断走向国际的重要推动因素。我国高铁技术的不断发展缘于我国铁路在长期发展过程中的技术积累以及在高速列车生产方面的实践与经验。

2）技术引进

中国高铁不仅引进了诸多国外先进技术,还对引进的先进技术进行了吸收和再创新。这样一来,中国高铁真正走上了一条务实且高效的正确道路。虽然,目前我国在动车组的研制和生产方面有了一定的技术积累,但在高速列车的关键核心技术及设备制造上仍存在不足,且整体技术还有待进一步提高,工艺水平和国外相比尚存在较大的进步空间。因此,为了实现我国高铁的快速发展,须从国外引入先进的设备和技术。

3）消化吸收

消化吸收先进技术的过程主要分为3个步骤:首先,购买引进国外的先进技术;其次,在现有平台上进行创新;最后,以国内品牌销售。通过这种方式,中国高铁取得了巨大的发展成就。铁道部有重点、有选择性地引进了国外最先进的高铁技术平台,同时凭借高超的沟通艺术,不仅使我国获得了最先进的高铁技术专利而且还学习到了国际高铁巨头拥有的高水平制造工艺,如焊接工艺。汽车产业的发展经验告诉我们,要实现真正的产业发展和技术进步仅仅依靠技术引进是远远不够的。在"引进-消化-吸收-再创新"这4个步骤中,若是不经过深入的学习实践,无法做到很好的消化与吸收,便无法实现再创新。因此,如何将国外先进技术进行内化掌握,实现高铁的国产化生产,掌握先进的核心技术,并根据本国的自然条件、社会条件和产业条件进行自主创新,以实现拥有完全且自主的知识产权的成套高铁技术,是高铁技术引进后首要解决的重大问题,同时也是建立并强化我国高铁产业竞争优势的重要环节。

4）自主创新

在对引进的国外技术进行消化吸收再转向国产化的同时,我国的高铁产业在路基工程和隧道工程技术、制动系统和牵引系统、供电技术和减振降噪技术等方面结合我国国情都进行了相应的技术升级。例如,中国的土地硬度和黏度与欧洲的不同,因此需要在路基工程技术方面进行自主创新。又如,中国电网的传输在本质上与欧洲不同,这就对高速铁路的供电技术提出了新的要求。此外,中国制造的车厢在高铁交会时其车厢内压力变化的大小明显低于世界上其他同类产品。

4. 政策与战略

首先,我国通过南车集团和北车集团引进了国外先进的高速动车组制造技术。2004年,铁道部组织北车唐山机车车辆厂、长春轨道客车集团、南京浦镇车辆有限公司、南车青岛四方股份、青岛四方机车车辆等35家北车集团和南车集团下属的机车车辆制造企业,成立了三大技术引进平台——北车长客、北车唐山和南车四方。铁道部通过整合铁路市场,使各个高铁生产企业形成一个整体,且在整合中充分发挥出国家优势。2004—2005 年,北车唐山机车车辆厂、北车长客股份和南车青岛四方股份分别从法国阿尔斯通、加拿大庞巴迪、德国西门子和日本川崎重工成功引进了先进的高速动车组技术,并且确立了中方与外方联合设计以及联合生产的方案。

其次,铁道部采取技术规范手段,有效保证了我国高速列车制造市场的完整性。2004 年,铁道部在动车组引进招标的公告中明确要求,投标主体必须是取得国外先进技术支持的国内企业。这不仅避免了外资企业独立竞标的情况,还促进了国内外企业的合作。国外企业只有通过与国内企业联合设计以及联合生产的方式才能进入中国高速铁路市场。这就为中国高铁机车制造企业的技术引进奠定了良好的开端。铁道部采用该方式既克服了"以市场换技术"的弊端,不会出现未获得技术而又丢失市场的情况,很好地保护了国内高速列车市场,又为国内机车制造企业充分地进行技术上的消化吸收和自主创新赢得了巨大的技术支持、庞大的市场支撑以及充足的时间保障。北车集团和南车集团下属的机车车辆制造企业成为该项国家战略中的最大受益者。

最后,北车集团和南车集团的发展反映出充分发挥国家政治力量可使我国企业在高速列车制造领域拥有绝对优势。目前,我国已经在国际高速列车制造市场中占据主导地位。中国高铁凭借优越的技术和成本优势不断开拓国际市场,已成功进入了中东、东南亚以及非洲等地的高铁市场,未来还要向着欧洲和美国的高铁市场继续进取[36]。

7.3 高铁网络布局及高铁对城市群的经济影响

7.3.1 高铁网络布局

随着城市的发展,许多经济发展领先的城市率先建立了高铁站。这么一来,高铁网络的发展基本跳过了传统布局模式中的均质模式,直接从增长极模式开始发展。我国高铁网络在不断发展的过程中主要有 3 个空间结构模式:增长极模式、点轴模式和网络模式[36]。

1. 增长极模式

增长极模式是指高铁建设所需的大量资源率先在特大城市集聚,然后再由这些城市向周围城市扩散,从而辐射到城市周边地区的高铁网络演变模式。在该模式下,地域开发方式主要是据点开发,同时集聚经济和点轴系统开始形成[36]。

高铁网络在长三角地区和中原地区这两个区域内表现出明显的增长极模式。这两个区域的高铁运行线路示意图分别如图 7-1 和图 7-2 所示。

由图 7-1 可以看出,在长三角地区明显以上海为中心形成了增长极模式,然后向周围逐渐扩散,辐射至周边城市(杭州、南京、合肥),并且以这些城市为新的中心再次以增长极模式继续向其周围其他城市扩散。同样地,在图 7-2 中,中原地区以郑州为中心形成了增长极模式,然后向周围扩散,辐射至周边城市(西安、太原、石家庄、济南)。

图 7-1　长三角地区高铁运行线路示意

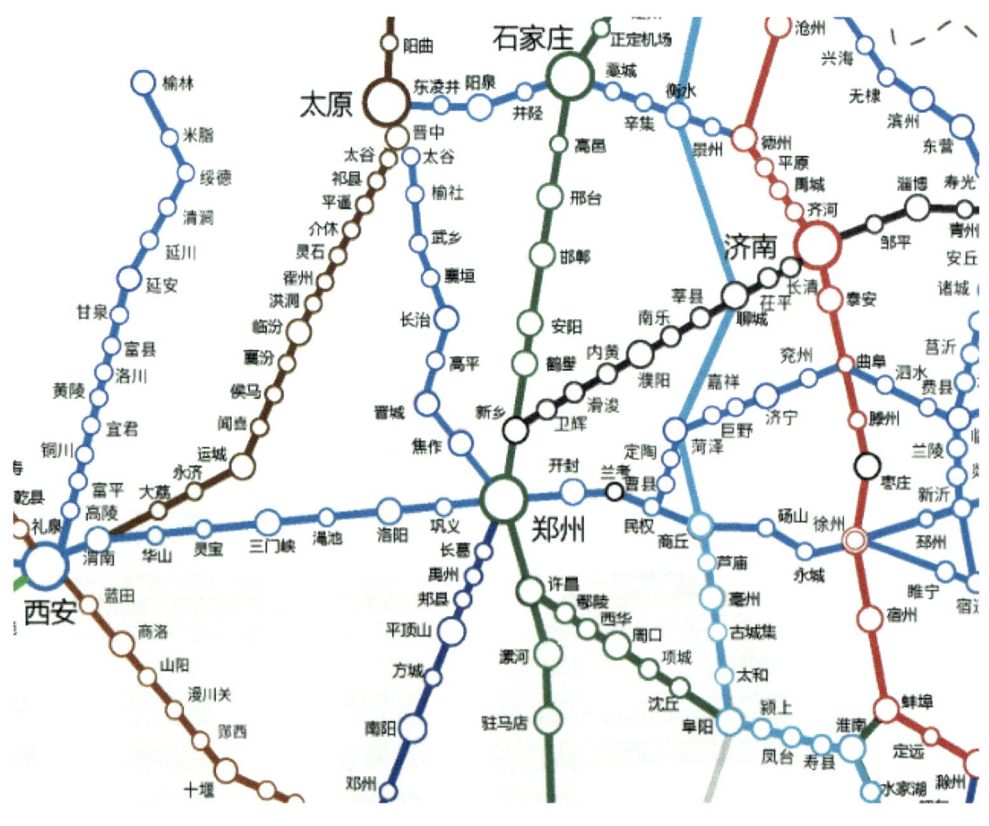

图 7-2　中原地区高铁运行线路示意

2. 点轴模式

在增长极形成之后,以高铁为媒介,和周围城市发生联系,建立各种流通管道,从而刺激沿线地区的经济发展。以长三角地区为例,高铁的存在使得上海与苏州、宁波、无锡等城市的通行时间大幅缩短,较好地满足了这些城市与上海的市场需求、运输需求和劳动力需求,从而促进了这些城市的经济发展。

3. 网络模式

高速铁路不断发展致使"点"和"轴"的数量越来越多,其辐射范围也逐渐扩大,最终演变为四通八达的网络模式。在网络模式下,各城市联合起来发展成一个有机整体,使得整个区域向一体化方向发展。

当高铁线路逐渐向网络模式发展时,会延伸到地理位置较为偏远的地区,如新疆(乌鲁木齐)、云南(昆明)、黑龙江(哈尔滨),最终形成网络模式,且基本覆盖全国。但这些偏远地区城市的轴和网络效应尚未形成。

7.3.2 高铁网络布局的特点

我国的高速铁路网络布局是在原有的普速铁路布局下形成的,但与普速铁路布局稍有不同,总体呈现出三大特点:①多层级、全覆盖;②借助地理优势,构建自然-人工交通枢纽;③高铁网络协助划分区域经济带。

1. 多层级、全覆盖

目前,我国的高速铁路网络具有三大层级,从整体上来看,这三大层级的划分是层层递进的,即从骨干线路到支路线路,基本覆盖了我国大部分疆土。

第一层级是指高速铁路的综合骨干网络。我国的高速铁路骨干网络是在原有的普速铁路四纵四横的总体规划基础上进行的。

第二层级是指各个中心城市之间的城际客运高速铁路。例如,在我国环渤海、长三角、珠三角、长株潭、成渝以及成都城市群、武汉城市圈、关中城镇群、海峡两岸城镇群等十多个主要经济发达和人口稠密的地区建立起来的城际快速客运铁路系统。

第三层级是指快速铁路,对比原有的普速铁路,快速铁路不仅扩展了网络、增加了交通可达性,还进行了速度上的提升,且进一步提高了乡镇城市的覆盖率,减少了通行时间,基本完善了区域快速客运的铁路通道。

所谓全覆盖是指目前我国的各个城市和区域以及城市和区域内主要的城镇已经基本实现高速铁路覆盖。截至 2023 年底,我国全境内仅有西藏高原地区没有通行高铁。据悉,西藏区域内的高铁建设已然开始。相信高铁建设的全国基本覆盖可以很快实现。

2. 借助地理优势,构建自然-人工交通枢纽

目前,我国现有的高铁海岸线网络具有沿线、沿海和沿江分布的特点,并且是通过借助天然的气候和地理条件等进行的高速铁路沿线建设。这样不仅在客观上高效地减少了建设阻力,充分发挥了区域的气候和地理位置优势,还有利于实现区域内铁路相关产业要素的综

合资源集聚与运力资源配置。

所谓沿线建设是指我国高速铁路骨架网和部分城际高速铁路沿线铁路的建设是在我国传统的既有高铁线路的建设基础上同步进行的。沿线铁路建设可以使周边企业充分利用已有运力资源,根据线路走向以及沿线情况进行运力资源配置,如此还能提高运力资源配置的效率。

沿海客运专线是指位于中国东部的一个沿海地带,从南到北已经构成了一条完整的高速铁路沿海运输大通道。高速铁路"四纵"骨架网中,连接长三角、东南沿海、珠三角的沿海地区"骨架"已基本形成。东南沿海的客运专线,从连接哈大线的辽宁大连,经由京沈线的辽宁锦州,通过京沪高铁、沪杭高铁,再加上连接杭福深高速客运专线,最终形成一条完整的中国海岸线高铁运输通道。

3. 高铁网络协助划分区域经济带

目前来看,我国已经形成且正在发展的城市群有十多个,如以京津为中心的京津冀城市群、以上海为中心的长三角城市群、以广州和香港为中心的珠三角城市群、以福州为中心的海峡西岸城市群、以郑州为中心的中原城市群、以成都和重庆为中心的川渝城市群、以西安为中心的关中城市群、以长株潭为中心的湘中城市群、以合肥为中心的江淮城市群、以长春和吉林为中心的城市群、以哈大齐为中心的黑龙江东南部的城市群、以南宁为中心的北部湾城市群、以乌鲁木齐为中心的天山北部城市群等。

高铁网络基本上通过这一结构将我国十大主要城市群连接起来,某个城市群与其他城市群之间通过高铁就可以进行流通,同时,人员和货物的流通更带动了经济流和信息流。另外,高速铁路的大范围开工建设也更有助于我国进行社会经济区域的划分,增强经济区域内各城市间的联系,构建一体化的城市群。高速铁路不仅提高了城市与城市之间的交通可达性,还提高了高铁设站城市的交通区位条件,更提高了其区位优势。当然,如此虽然可以促进高铁沿线各种交通方式的形成与发展,但同时也扩大了开通高铁城市和未开通高铁城市之间的区位优势差异。开通了高铁的城市凭借高铁带来的过道效应及其区位优势,不仅增强了城市吸引力,使城市群内部的人员流动、信息流动、物资流动以及资金和技术流动等不断加快,还优化了城市群的产业布局,推动了企业向中心城市的聚集,进而促进了经济活动向中心城市的聚集,形成虹吸效应[37]。

7.3.3 高铁对城市群经济的影响

经济活动过度集中在中心区域会抬高土地租金,进而导致附加值低的和成本导向型的产业难以负担高昂的土地租金,转而向土地租金较低的周边城市迁移。因此,在高铁的影响下,传统产业将会沿着高铁线路从中心区域向周边城市转移和扩散,以服务业和金融业为主导的第三产业则不断地向中心区域聚集,从而形成高铁的扩散效应。

高铁通过虹吸效应和扩散效应对城市群产业布局产生深远影响,而高铁对城市群产业布局演变的影响机理体现在以下三个方面:高铁对城市群经济发展的影响、高铁对城市群内城市空间的影响以及高铁对城市群发展的影响。

1. 高铁对城市群经济发展的影响

1)高铁引致铁路系统的客货分流

在高铁出现之前,我国的普速铁路通常采用客货混跑模式。在主要的干线铁路(如京广线、陇海线、京哈线、京沪线、沪昆线等)及部分单线铁路上,货车开行对数严重受限于客运运输需求量,如此便增加了城市间货物运输的时间成本。高铁具有大运量、准点准时、高密度、快速等特点,凭借其强大且稳定的运能,可以满足大量的客运需求。因此,高铁的开通运营不仅可以优化客运模式,使乘客更加便捷地到达目的地,还可以释放普速铁路的客运压力,显著地提升普速铁路的货运能力和货运效率,从而降低运输成本。随着高速铁路、普速铁路客货分流的进一步优化,城市群内要素的流动速度也有了显著提高,同时,提升了城市群内经济往来和贸易规模,继而影响城市群内各城市间产业的分工合作、集聚、转移、布局等。

2)高铁促进城市群就业

高铁对城市群就业的拉动作用不仅体现在高铁的建设过程中,而且在高铁开通运营之后,其对城市群就业的拉动作用更为显著。首先,高铁开通后需要大量人员从事维护和运营工作;其次,高铁开通运营将带动围绕高铁站点的新城建设,有助于高铁站点附近的商业服务、房地产及其他配套设施的全面开发,这既有利于打造城市发展的新动力,带动城市经济发展,也有利于促进城市就业率的增长。

3)城市群内高铁实现"公交化"运行

城市群内高铁的"公交化"运行极大地方便了人们的日常出行,同时也有效地带动了高铁沿线城市在旅游业方面的发展,从而进一步推动了沿线城市的旅游产业及配套服务产业的发展[37]。

2. 高铁对城市群内城市空间的影响

高铁对城市群产业布局演变的影响是与城市空间布局演变相互作用的。一方面,因为产业的集聚和转移以及产业布局的变化,所以城市群内不同地区出现了土地租金的差异,进而引起了城市空间布局的演变[37];另一方面,城市的空间结构由城市节点、城市梯度、城市通道和网络以及城市功能区构成,正是由于高铁改变了不同城市之间的交通可达性,使得一些城市或地区成为节点,加之高铁给其带来的区位优势的提升,从而造成了土地租金的差异,即城市梯度,同时也改变了不同区域的功能,最终导致城市群内出现了产业的集聚和转移以及产业布局的改变。因此,为了探究高铁对城市群产业布局的影响,可以先从高铁对城市群内城市空间的影响着手。

高铁作为新的城市空间通道,将带来人员、物资、信息和资金等要素的流动,使得高铁站点成为天然的城市中心区域,高铁通道成为新的城市产业发展通道,进而改变城市原有的功能分区和梯度等级(如高铁开通运营产生的同城效应将引导城市功能区的重新布局),并改变整个城市的内部空间结构,最终表现为整个城市群产业布局的演变。

(1)高铁所具有的技术经济优势将加快城市群内部人员、物资、信息、资金和技术等要素的联系和交换;同时,高铁的枢纽引导、通道引导和路网引导作用可以显著地提高城市在区域发展中的战略地位,有利于形成综合交通枢纽城市[37]。因此,高铁站点不仅为城市增加了新的节点、功能区和发展极,而且高铁的开通运营将对原有的城市通道和网络的结构及功能起到优化作用,从而使得城市的产业结构更加专业化与合理化,促进城市群内部的产业集聚与转移。可以说,高铁及其站点对城市的产业布局优化配置及整合产生了较大影响。

目前,一些省会城市会根据未来发展方向选择地区设立高铁站,如广州南站和南京南站,广州和南京分别将高铁站设立在主城区以南地区,并分别建立了广州南站番禺新城和南京南部新城。这两个地区分别是广州和南京的城市战略规划发展的重点区域,在未来也将努力打造成为城市发展的新动力、新核心。同时,与高铁站点配套的城市轨道交通和公交等换乘设施也极大地提高了高铁站点的极化效应,如广州南站接入京广高铁、南广高铁、广深港高铁、广珠城轨、贵广高铁等多条高铁线路,并通过接入广州地铁与广州火车东站、广州新白云国际机场、广州火车站、广州大学城、珠江新城中央商务区、佛山市等相连通。而南京南站则接入了京沪高铁、沪汉蓉客专、宁杭甬高铁、沪宁城际高铁、宁安高铁等多条高铁线路,同时通过接入南京地铁实现与南京禄口国际机场、南京火车站、南京新街口商圈等相连通。广州南站和南京南站这两个高度发达的综合交通枢纽实现了高速铁路、飞机、城市轨道交通、公共汽车和长途汽车等的"零距离换乘"。凭借高铁站强大的综合换乘能力以及我国高铁在近十年的大规模修建,高铁站点及高铁新城的配套设施和服务都更具有现代化的特征,因此在吸纳资源方面也更具有优势。

(2) 高铁的开通运营将改变原有的城市梯度,呈现出以高铁车站为中心向外递减的新的城市梯度。高铁的开通运营不仅能提高高铁沿线居民和企业的可达性,还能显著地增加对沿线区域与房产的需求。例如,武广高铁的开通运营极大地减少了周边城市到广州、武汉的出行时间,因为周边三、四级城市的房价与广州和武汉这类一线、新一线城市相比有相当大的差距,这就导致诸多本来打算在武汉和广州置办房产的购房者将目光转移到高铁沿线的中小城市,这将促进中小城市房地产行业的发展。此外,高铁不仅会对城市土地价格造成梯度差异,还会对原先的土地利用产生影响。一方面,高铁会促进中央商务区土地价格的上涨;另一方面,高铁车站周边开发的高密度、大规模商业商务区将给传统商务区带来不小的冲击,会导致中央商务区的土地需求下降,从而使房价下降。因此,中央商务区的梯度变化将取决于这两种作用的大小。对于距高铁站较远的传统商务区来说,高铁的修建会使其产生弱化趋势。因此,传统商务区和中央商务区功能趋势的变化最终会引发城市产业布局的演变。

(3) 高铁的开通运营将影响新城区的建设和旧城区的改造。一方面,高铁建设引导新城建设,且推动了城市中心的转移和多极化发展。例如,广州、南京、苏州、成都等已开通了高铁的枢纽城市,均依托高铁车站建设了城市副中心或高铁新城,以此来疏解中心城区的饱和状态,缓解中心城区的交通压力[37]。另一方面,高铁的导向作用促进了城市用地的重新规划。用地规划的改变将影响不同类型产业的布局,并进一步影响城市产业布局的演变,最终改变整个城市群的产业布局。

3. 高铁对城市群发展的影响

高铁的开通运营促进了沿线及其周边城市在功能结构、空间布局和等级规模上的演变,使各个城市之间由相互独立转向区域协作和产业协调分工,进而形成了功能结构完善、产业布局优化、等级规模合理的城市群。

(1) 高铁不仅加强了城市间的联系,还使得中心城市过度密集的功能逐渐向外分散,与此同时,中心城市的产业结构也可以得到优化。随着旅游业、传统工业和居住等的布局逐渐外移,而高端服务业和金融业向中心城市集聚,使得中心城市及周边的中小城市都迎来了新的发展机遇。同时,周边的中小城市甚至可以借此逐渐成长为城市群中的副中心城市,使得城市群从核心发展模式向多中心发展模式转变。副中心的工业、商业、服务业和住宅建设会伴随着人口、经济活动的不断变换而逐步发展起来,城市群的多中心布局也会进一步凸显。在集聚扩散效应的作用下,不同功能和特色的城市副中心与其周围的城镇、农村相互联系,使得城市群内部各城市之间的产业分工合作得以加强、产业布局更加合理、产业集聚与扩散愈加显著,从而改变城市群的整体产业布局,实现城市群整体的协调发展,形成分工合理且层级分明的城市群。

(2) 高铁可以促进城市群地域结构的优化。首先,作为高铁的起始站点或重要节点,中心城市可以依托高铁的开通运营来吸引、集聚大量的生产要素,从而有利于公共基础设施建设和商业活动的发展。其次,高铁具有一定的经济技术优势和基础交通设施的属性,这使得高铁可以显著增强中心城市与周边地区之间的通勤效率和可达性。如此一来,同城效应更容易形成和发挥,中心城市的城市吸引力也能得以增强,城市群的产业布局演变以及整体优化也可逐步实现[37]。

7.4 本章小结

本章介绍了高铁产业布局的原则、模式和特点以及高铁网络布局对城市群的经济影响。

首先,从产业经济学的角度出发,介绍了高铁产业布局的大方向和高铁产业布局规律的内在要求。规划高铁产业布局必须从经济效益原则,全局性、长远性和预见性原则,分工协作原则,集中与分散原则,发挥地区比较优势原则和可持续发展原则这6个基本原则出发。

其次,根据与高铁产业相关的上、中、下游的产业情况,介绍了高铁产业布局的模式和特点,并且将高铁从设计到施工再到最终运营的各个阶段划分开来,形成了高铁产业布局图谱。在此基础上,分析了高铁产业布局的影响因素。

最后,结合高铁网络布局及其对城市群的经济影响,集中分析了我国高铁及其相关产业对城市群的影响和协同效应。

第 8 章
高铁产业政策

8.1 中国高铁产业政策综述

我国高铁产业政策是政府进行市场干预的重要工具。高铁产业以公有制的国有企业为主,设计院、研究机构等相关企业为辅,且各地的投资建设也都是由地方铁路投资公司进行的,这些无一不体现了政府微观干预的强大力量。同时,高铁产业是目前国家重点发展的支柱产业之一,也是承担着占领技术高地且作为中国"名片"实现"走出去"战略任务的代表性产业。这并不是一个自然发生的过程,而是一个主观选择的结果。政府作为决策主体,代替市场选择高铁产业作为支柱产业并对其进行扶植。高铁产业的发展是以国有企业作为主体来承担对外竞争的责任。并且在国内竞争上,政府树立起了严格的竞争壁垒,将大部分中小企业隔绝在产业之外,从而保护国有企业的发展。基于此,我国高铁产业政策可分为以下三类。

(1) 中国高铁运营政策。我国的高铁运营由于具有集中规划建设的特性,很多高铁建设并没有将经济性考量放在首位,因而造成运营成本过高、部分线路缺乏足够客源、难以达到平衡等一系列问题。为了保障高铁的发展以及充分发挥高铁建设的其他正外部性作用,政府对于铁路运营中的亏损会进行一定的补贴,这便使得很多线路具有了半公益性质;同时,这也导致了中国铁路总公司的负债率一直居高不下。

(2) 中国高铁研发政策。在高铁技术方面,国家采取大规模的科研扶植政策,将企业、高校、科研院所、重点实验室和工程研究中心,通过国家科技支撑计划项目组织起来,以对于高铁相关核心技术进行研究,从而获得了高铁发展中的关键技术,实现了重点产品和核心零部件的自主生产和最终的技术突破。因此,只有由国家牵头,在大量科技支撑计划的推进下,才能实现科研力量的聚集,从而使中国高铁的核心技术得以快速发展。中国的高铁技术在较短时间内实现了从国外引进,到自主消化,再到完成自主创新掌握核心技术的蜕变。在这一过程中,除了高铁人自身的不懈努力,国家在研发政策上的大力扶植是实现这种技术快速进步的重要支撑力量。

(3) 中国高铁出口政策。中国高铁企业在"走出去"战略中致力于推广高铁技术以及将服务拓展至海外市场,以提升中国在全球高铁行业中的影响力和地位。自 2009 年我国正式提出"走出去"战略以后,铁道部专门成立了工作小组来积极参与欧亚高铁、中亚高铁和泛亚高铁等项目的筹建,从此正式开启了中国高铁"走出去"战略的实施。经过十余年的努力,中国高铁已在全球取得了多项成就。除了与东盟国家,中国还与美国、英国、俄罗斯、印度、印度尼西亚等国家签署了高铁合作意向书,实现了在六大洲范围内的全球布局。此举不仅提升了中国高铁产业的国际竞争力,也为全球高铁建设与运营提供了中国方案与中国智慧。

8.2 高铁产业政策与高铁产业发展量化研究

高铁产业范围涵盖全国,横跨数十个行业,对经济的健康发展和稳定起到了重要作用。高铁产业政策实现了政府和企业之间的紧密合作。通过产业政策的有效落实反过来还能促使产业实现赶超发展。为进一步讨论高铁产业政策对高铁产业发展的效用,下面选取特定政策进行量化分析。

8.2.1 关键产业政策选取及模型构建

从2008年高铁开始建设以来至2019年,我国发布了一系列与高铁相关的重大政策,本书从中选择了《中长期铁路网规划(2008年调整)》和《关于改革完善高铁动车组旅客票价政策的通知》这两个重大政策作为标志性政策,如表8-1所列。

表8-1 高铁开通以来重大政策(选取)

出台时间	重大政策	主要内容
2008年	《中长期铁路网规划(2008年调整)》	加强既有铁路技术改造,扩大运输能力,提高路网质量;"四纵四横"为骨架的高铁产业区域布局架构
2016年	《关于改革完善高铁动车组旅客票价政策的通知》	放开高铁动车票价,改由中国铁路总公司自行定价

1. 模型构建及方法介绍

双重差分法是一种统计方法,用于估计某项政策或干预对结果变量的净效应。本节在双重差分法的基础上,引入政策和时间这两个虚拟变量以及二者交叉项的双向固定效应回归模型[式(8-1)],来量化分析高铁产业政策对高铁产业发展产生的效用。

$$did_t = \beta_1 Policy_t + \beta_2 Period_t \times Policy_t + \gamma X_t + \delta_t + \varepsilon_t \tag{8-1}$$

式中 did_t——高铁客运量增量;

β_1——政策效应系数;

$Policy_t$——受政策影响的虚拟变量,若受影响为1,未受影响则为0;

β_2——交叉项系数,即本研究的重点系数;

$Period_t$——政策实施年数;

$Period_t \times Policy_t$——随着时间的变化政策实施所表现出的效应;

γ——控制变量系数向量;

X_t——控制变量集合;

δ_t——t 时间的时间效应;

ε_t——随机干扰项。

对于每个政策,使用下列方法来进行量化分析。

(1) 共同趋势检验:由于各控制变量会随时间的变化而变化,在进行双重差分回归前需排除"时间效应"的影响,以保证各控制变量变化趋势的一致性,即在产业政策实施前后不存在由时间导致的显著差异变化。在此研究中采用平行趋势假设检验进行共同趋势检验。

(2) 基准回归计算及分析:采用双重差分法对全样本数据进行估计,在分析回归结果的基础上得出结论。

(3) 稳健性检验:双重差分法虽满足共同趋势假设,但在一定程度上仍存在样本选择性偏差的问题,因此需要根据不同的样本数据对结论进行验证,以保证所得结论的稳健性。在此研究中采用"安慰剂"检验方法对结果进行稳健性检验,即假定政策实施于其他时间,对结果重新进行评估。

2. 数据来源及变量定义

由于那些没有随时间变化的变量会被地区固定效应所吸收,故主要考虑以下 5 类随时间变化的控制变量。

(1) GDP。按市场价格计算的一个国家(或地区)所有常住单位在一定时期内生产活动的最终成果。经济越发达的省份,其交通活动也会越频繁。

(2) 人口。地区人口数量与交通活动的发生频率成正比,从《国家统计年鉴》中获取分地区人口总数作为地区人口数进行计算。

(3) 财政支出。一个省份的财政支出反映了该地区经济活动的活跃程度。通常来说,经济活动越活跃的地区其交通出行频率也相应较高。该控制变量以地区一般公共支出预算来计算。

(4) 铁路里程。一个地区的铁路里程决定了该地区高铁活动发生的频繁程度。

(5) 床位数。地区床位数总量从一个侧面反映了地区的发展情况。

针对前述选择的两个政策,从《国家统计年鉴》中选取政策发布前 5 年或前 6 年至 2019 年中这 5 类控制变量的基准数据作为后续分析的依据。变量说明见表 8-2。

表 8-2 变量解释

变量类型	变量名	含义
被解释变量	did	高铁客运量增量,用来表征高铁产业的发展情况
控制变量	GDP	地区生产总值的自然对数
	人口	各地区总人口
	财政支出	各地区用于一般公共预算的支出
	铁路里程	各省份开通铁路的里程,用来衡量各省份的铁路资源
	床位数	床位数反映各地区经济发展情况

8.2.2 高铁产业政策对高铁产业发展的影响分析

1.《中长期铁路网规划(2008年调整)》对高铁产业发展的影响

《中长期铁路网规划(2008年调整)》确立了以"四纵四横"为骨架的高铁产业区域布局架构,是我国铁路历史上的一次标志性变革,直接改变了我国高铁产业的相关发展方向。该项政策的实施不仅加强了我国既有铁路技术改造,还提高了路网质量和运输能力。下面将介绍应用双向固定效应回归模型就《中长期铁路网规划(2008年调整)》政策的实施对高铁产业发展进行量化分析的过程。

首先,采用平行趋势假设检验来验证政策实施前各控制变量变化趋势的一致性。将《中长期铁路网规划(2008年调整)》政策实施前的时间变量引入模型,若各年份的交叉项系数均不显著,则证明各控制变量存在共同的发展趋势,结果如表8-3所列。在《中长期铁路网规划(2008年调整)》实施的前5年,交叉项系数显著性均大于0.1,即各年份的交叉项系数均不显著,表明共同趋势假设成立,可以采用双重差分法进行估计。

表8-3 平行趋势假设检验结果

时间	交叉项系数	交叉项系数显著性
2003年	0.0420	0.791
	(0.158)	
2004年	0.110	0.446
	(0.143)	
2005年	0.0864	0.504
	(0.128)	
2006年	0.0933	0.377
	(0.104)	
2007年	0.0913	0.277
	(0.083)	
样本数	341	341

注:括号内为稳健标准误。

其次,既有铁路技术改造反映出交通基础设施质量的提升。通过基准回归量化其对高铁客运量增量的整体效应,结果如表8-4所列。政策实施交叉项系数为0.0909且显著水平为1%,从而得出结论:在1%的显著水平下,《中长期铁路网规划(2008年调整)》政策的实施可以显著增加客运量约9.09%,即该项产业政策的实施对高铁产业的发展在统计上和经济上具有显著的正向作用。

表 8-4 基准回归结果

变量	交叉项系数
did	0.090 9***
	(0.064)
GDP	−0.394
	(0.246)
人口	0.821*
	(0.438)
财政支出	0.392***
	(0.141)
铁路里程	0.567***
	(0.112)
床位数	0.330
	(0.311)
样本数	341

注:括号内为稳健标准误,***、**、*分别表示在1%、5%、10%水平下显著。

最后,为检验上述结果的稳健性,假设政策实施时间提前,重新判断政策虚拟变量的系数是否显著。如果不显著,则说明原政策效果的稳健性。假设政策实施时间提前到2004年,并采用"安慰剂"检验进行分析,结果如表8-5所列。政策项系数为−0.120且不具有显著性,即《中长期铁路网规划(2008年调整)》政策的实施效果具有稳健性。

表 8-5 "安慰剂"检验结果

变量	政策项系数
did	−0.120
	(0.112)
GDP	−0.372
	(0.245)
人口	0.790*
	(0.438)
财政支出	0.423***
	(0.139)
铁路里程	0.575***
	(0.112)

(续表)

变量	政策项系数
床位数	0.324
	(0.312)
样本数	341

注:括号内为稳健标准误,***、**、*分别表示在1%、5%、10%水平下显著。

2. 《关于改革完善高铁动车组旅客票价政策的通知》对高铁产业发展的影响

2016年2月19日,国家发展改革委宣布,从2016年开始,高铁动车票价将实行中国铁路总公司自主定价政策。中国铁路总公司可根据市场竞争情况及客流分布等因素向旅客提供相应的票价优惠折扣。下面将介绍应用双向固定效应回归模型对《关于改革完善高铁动车组旅客票价政策的通知》政策实施对于高铁产业发展进行量化分析的过程。

首先,采用平行趋势假设检验,验证政策实施前各控制变量变化趋势的一致性。将《关于改革完善高铁动车组旅客票价政策的通知》政策实施前的时间变量引入模型,若各年份的交叉项系数均不显著,则证明各控制变量存在共同的发展趋势,结果如表8-6所列。在《关于改革完善高铁动车组旅客票价政策的通知》实施的前6年,交叉项系数显著性均大于0.05,即各年份的交叉项系数均不显著,表明共同趋势假设成立,可以采用双重差分法进行估计。

表8-6 平行趋势假设检验结果

时间	交叉项系数	交叉项系数显著性
2010年	−0.185	0.070
	(0.098)	
2011年	−0.111	0.125
	(0.070)	
2012年	−0.127	0.062
	(0.060)	
2013年	−0.106	0.340
	(0.048)	
2014年	−0.00523	0.906
	(0.044)	
2015年	−0.0536	0.085
	(0.030)	
样本数	310	310

注:括号内为稳健标准误。

其次,通过基准回归量化《关于改革完善高铁动车组旅客票价政策的通知》政策实施对高铁客运量增量的整体效应,结果如表8-7所列。政策实施交叉项系数为0.223且显著水平为 1%。从而得出结论:在 1%的显著水平下,《关于改革完善高铁动车组旅客票价政策的通知》政策的实施可以显著增加客运量约 22.30%,即该项产业政策的实施对高铁产业的发展在统计上和经济上具有显著的正向作用。

表 8-7 基准回归结果

变量	交叉项系数
did	0.223***
	(0.060)
GDP	0.376**
	(0.139)
人口	0.030 8
	(0.090)
财政支出	0.489**
	(0.193)
铁路里程	0.460**
	(0.174)
床位数	0.145
	(0.306)
样本数	310

注:括号内为稳健标准误,***、**、*分别表示在 1%、5%、10%水平下显著。

最后,为检验上述结果的稳健性,假设政策实施时间提前,重新判断政策虚拟变量的系数是否显著。如果不显著,则说明原政策效果的稳健性。假设政策实施时间提前到 2014 年,并采用"安慰剂"检验进行分析,结果如表 8-8 所列。政策项系数为 0.107 且不具有显著性,即《关于改革完善高铁动车组旅客票价政策的通知》政策的实施效果具有稳健性。

表 8-8 "安慰剂"检验结果

变量	政策项系数
did	0.107
	(0.077)
GDP	0.372***
	(0.127)
人口	0.029 5
	(0.089)
财政支出	0.479***
	(0.178)

(续表)

变量	政策项系数
铁路里程	0.432***
	(0.165)
床位数	0.159
	(0.243)
样本数	310

注：括号内为稳健标准误，***、**、*分别表示在1%、5%、10%水平下显著。

3. 小结

综上所述，《中长期铁路网规划（2008年调整）》和《关于改革完善高铁动车组旅客票价政策的通知》这两项重大的高铁产业政策的实施对于高铁产业发展均具有显著的正向作用，且政策实施效果均具有较好的稳健性。

8.3 高铁产业政策发展建议

我国高铁经过十余年的建设与实践，使得高铁产业已奠定了稳固的基础，且政策支持成效显著。随着《"十四五"现代综合交通运输体系发展规划》的发布，未来如何进一步规划和发展高铁产业，如何有效管理已投入运营的高铁资产，以及进一步提升高铁在交通运输综合体系中的地位和作用等问题已成为当前亟须研究和解决的重点。同时，当前许多体制机制上的障碍限制了高铁发展和建设运营的进程，因此，未来政府需要给予更大、更有效的政策支持，以推动高铁产业的健康发展。

政府需要更加明确铁路在综合交通运输体系中的核心地位，并通过制定全新的政策及规划来推动铁路特别是高铁产业的发展。目前，铁路发展规划已被整合到综合交通运输系统中，由交通运输相关部门进行统一规划。政府有责任将铁路发展置于优先发展战略地位，并在合理布局和减少重复建设的基础上，通过资金、土地、税收和运价政策等方面来重点支持高铁产业的发展，以此推动第三产业的快速增长。此外，诸如兰青线、兰新线、南疆线和青藏铁路等重要的公益性线路为了满足国土开发和国家战略的需要，多位于国土边缘地区，其发展潜力受限，难以实现盈利。而铁路企业仅能通过交叉补贴的方式来弥补亏损缺口。对此，国家应当承担起公益性铁路的建设和经营责任，由国家财政担负亏损部分，以保障这些公益性线路的持续运营，从而维护国家战略利益。另外，政府应通过未来的高铁产业政策进一步发挥高铁产业的经济集聚优势，让高铁成为联通发达地区和欠发达地区的桥梁，从而进一步扩大发达地区的区位优势，并带动欠发达地区的经济增长。

8.3.1 高铁产业区域布局政策建议

目前，我国高铁布局仍然存在部分地区高铁运能过剩、偏远地区居民却无法享受高铁带来的便利出行体验,以及高速公路、普速铁路、高速铁路和民航之间竞争激烈等问题。为此,需要重点关注高速铁路与既有线、高速公路和民航之间的互补衔接,从而促进各交通方式间的协调发展,实现交通运输系统的优化和提升。

1. 深入推动高铁县域布局

我国高铁网络已经初步成型,主要地级市基本实现高铁网络覆盖。但在实际运营中,目前的高铁产业布局对于经济欠发达省份会产生一定的过道效应。因此,在进行高铁选线布局时,要进一步考虑当地产业的需求,加快推进县域高铁布局,将经济活动发达地区串联进高铁网络。

2. 利用好高铁的运输骨干角色

高速铁路具有运能大、全天候、安全准时、高效便捷和节能环保等优点,它们共同构成了高速铁路未来在综合交通运输体系中担任骨干角色的坚实基础。因此,高铁在综合运输网络中承担了重要的客流集中和分散的职能。《"十四五"现代综合交通运输体系发展规划》中提出,我国要构建以高速铁路等为主体的快速交通运输网,建设现代化铁路网。因此,高铁在选线布局时要优先考虑客流密集的干线节点。

3. 因地制宜规划高铁建设

我国区域经济发展存在巨大的不均衡性,东部地区人口集中、经济总量大,却受资源短缺困扰;西部地区虽然客运需求相对较低,但却有丰富的能源和其他自然资源的货运需求。因此,应考虑在西部地区适度加快普通公路和普速铁路的建设速度以满足西部地区的货运需求,并研究在西部地区高速铁路建设较为不足的情况下,如何充分发挥其他运输方式对区域经济的推动、促进和辐射效应。同时,在东部地区,则要结合各地区的实际情况与客运量进行综合研判,适当增加高铁网络密度,亦可让有建设意愿的所在地政府参与高铁站的投资建设。

8.3.2 高铁投融资政策建议

为了进一步扩大我国高铁的技术优势,并解决经营亏损,有效应对高铁建设债务问题,需制定投融资政策作为支持措施。

1. 鼓励社会资本参与高铁项目

若想进一步扩大我国高铁产业的领先优势,不能一味地依靠政府的大量投资,而应考虑让社会资本参与高铁相关项目。一方面,应制定和完善有利于民营企业进入高铁行业的政策,具体措施包括:简化审批流程、提供税收减免和政策补贴、放宽市场准入条件、建立阳光透明的信息公开渠道、明确和支持混合所有制改革、鼓励国铁集团和社会资本合作等,以形成多元化的股权架构等。

另一方面,在铁路辅助业务市场化的进程中,需要制定科学合理的退出规制政策。退出规制政策应包括清晰的退出机制和程序,以确保企业能够在合理的环境下退出市场,同时避免垄断企业通过内部交叉补贴损害社会福利。政府在制定退出规制政策时,需要考虑到各种可能的退出情形,如市场策略性退出、经营失败退出等。这就需要建立有效的监督机制来确保政策的落地执行,从而有效地促进市场竞争和规范企业行为。

2. 简化地方政府出资建设高铁流程

高铁产业的生态系统具有复杂性,仅凭中国国家铁路集团有限公司一方难以完全做好各条高铁线路的投资。高铁产业的发展需要多方协作,其中地方政府扮演了十分重要的角色。中国国家铁路集团有限公司在高铁建设上很难对于地方的情况作出针对性的判断,仅能通过宏观研判来规划各条线路的布局,然而,地方政府在这方面却可以起到很好的辅助作用。因此,简化地方政府出资建设高铁站、高铁线路的流程,使地方政府能够根据当地实际情况有选择地参与高铁线路投资,一方面能够为中国国家铁路集团有限公司节省部分建设成本,另一方面也能更好地发挥高铁对于经济的带动、辐射作用,促进当地经济的发展。

8.3.3 高铁运价政策建议

目前,我国普速铁路运价包含了公益性运输的部分,尤其是普速客运票价采用 1995 年制定的基准票价 0.058 61 元/(人·km),未考虑到物价上涨和成本增加,且远低于公路运输和航空运输的基准票价。国家铁路货物统一运价自 2009 年 12 月 13 日起由原来的 9.61 分/(t·km)提高至 10.31 分/(t·km),其中 3.3 分/(t·km)用于铁路建设基金,实际运价仅为 7.01 分/(t·km)[19]。高铁票价的设定并未违背市场经济规律和要求,但由于普速铁路票价过低,对高铁的上座率和票价会产生一定的影响。以京沪高铁为例,二等座的票价为 667 元,折算后为平均每公里 0.5 元;然而,该价格约为普速列车硬座票价 157 元的 4.2 倍,约为硬卧均价 284 元的 2.3 倍,约为软卧均价 456 元的 1.5 倍。高铁的一等座和商务座的票价与普速铁路的票价差距更为显著。尽管选择高铁可以节省大量出行时间,但低收入人群往往更倾向于选择普速铁路出行。这可能导致运力资源配置和利用出现相对失衡的情况。同时,票价调整政策初步见效,但仍需进一步探讨如何平衡高铁运行效率和票价之间的关系,以确保高铁能够更好地服务社会各层次的乘客,同时,促进整个交通运输体系的协调发展。

1. 放松固定运价管制

铁路运输企业应在定价中占据主导地位,充分发挥市场机制作用。授予企业定价权是必然选择,企业应根据市场供需情况和运营成本自主确定运价,以保证运输市场的公平竞争。在这一过程中,政府主要是进行宏观监控,监督运输市场的正常运作。运价形成机制还应充分反映市场供需关系,根据实际需求变化来灵活调整运价,以保持市场的动态平衡。当然,减少行政干预、增加经济行为的同时,更应注重运价形式的市场化和规范化,以建立健全的市场机制,确保运价的公开透明和合理合法性。

2. 因地制宜调整票价

松绑运价规定的同时,高铁价格结构也需要进行相应的调整。差别化座席差价应随旅客流量进行调整,在高峰期设高差价,在低需求期降低票价以提高上座率和运输效率。科学核算不同席位的成本,逐步根据市场需求、竞争引入灵活定价。为了进一步提高高铁运输效率和盈利能力,可以考虑制定面向不同时间段和节假日的票价政策,即根据旅客乘坐时间的灵活性和需求弹性来动态调整票价。同时,结合市场需求和竞争态势,灵活设置优惠价格,以激发旅客的消费热情。通过持续改进和优化高铁票价策略,形成良性循环,最终实现高铁运输市场的稳健增长。

8.4 本章小结

本章首先对我国的高铁产业政策进行归纳总结,分析我国高铁产业政策的特点和类别。其次,为了定量探究我国高铁产业政策促进高铁产业发展的效用,选取了《中长期铁路网规划(2008年调整)》和《关于改革完善高铁动车组旅客票价政策的通知》这两个较为重要的政策,构建双向固定效应回归模型并采用5类控制变量,具体探究每个政策对高铁产业发展的影响。最后,分析了我国高铁产业政策方面存在的发展需求,并从区域布局、投融资、运价管控三个方面提出相应的对策,为我国未来高铁产业政策制定提供依据。

第 9 章
结论与展望

截至2023年底,中国高铁的营业里程已经达到了4.5万km以上,超过全球高铁营业总里程的2/3。中国高铁动车组的累计运输旅客超过100亿人次,中国高铁的安全性、可靠性以及运输效率处于世界领先地位。中国高铁已凭借其强大的技术后盾和后发优势,仅仅用了5年时间就完成了国际上高速铁路40年的发展历程,成功跻身世界高铁大国的行列,取得了举世瞩目的成就。

本书将高速铁路界定为一个产业,对高铁产业经济的作用机理进行了深入探索。从上游铁路基建、中游列车及相关设备制造、下游营运服务三个产业链入手,讨论分析了高铁自身产业的发展情况和竞争优势,探讨了高铁产业对其拉动产业和衍生产业发展所产生的影响。数据证明,中国高铁的飞速发展带动了其相关的拉动产业和衍生产业的发展,促进了企业效益的提高。同时,通过分析高铁的产业组织、结构、布局及政策,不仅能够更深入地了解高铁产业,还能推动高铁产业朝更好的方向发展,强化我国高铁在世界上的动态优势。

在"一带一路"倡议背景下,中国高铁走向国际市场获得了前所未有的机遇,迎来了新的发展阶段。我们应当牢牢抓住高速铁路发展的新机遇,通过有效的技术手段、政策手段以及融资手段,保持行业健康迅猛发展,从而进一步拓展国际市场,扩大发展空间。中国已经进入"高铁时代",举起了"高铁革命"大旗,未来中国高速铁路行业将占据世界领先地位,凭借独一无二的中国高铁品牌,促进我国经济的进一步繁荣发展。

最后,再次感谢国家铁路局对本书的资助,同时也感谢参考文献的作者。本书如有不当之处,敬请指正。

参考文献

[1] 徐飞.纵横"一带一路":中国高铁全球战略[M].上海:格致出版社,2017.
[2] 李悦,钟云华.产业经济学[M].5版.大连:东北财经大学出版社,2022.
[3] 赵丹丹.京沪高速铁路建设对沿线产业空间布局的影响[D].成都:西南交通大学,2010.
[4] 刘修财.高铁开通对县域经济差距的影响研究:基于国定贫困县的视角[D].南昌:江西财经大学,2023.
[5] 王召杰.我国高铁运营里程达到4.5万公里[EB/OL].(2024-01-12)[2024-06-13]. https://www.peoplerail.com/rail/show-2020-530174-1.html.
[6] 《中国铁路工程集团有限公司年鉴》编委会.中国铁路工程集团有限公司年鉴:2018版[M].北京:中国经济出版社,2018.
[7] 杨正泽.高速铁路的国民经济属性及投资效益研究[D].北京:北京交通大学,2015.
[8] 崔锋.中国高铁产业国际竞争力评价研究[D].南京:东南大学,2016.
[9] 丹尼斯·W.卡尔顿,杰弗里·M.佩洛夫.现代产业组织[M].4版.北京:中国人民大学出版社,2009.
[10] 周新生,高拴平.《产业经济学》学科建设的构想[J].当代经济科学,1992(3):84-86.
[11] 牛丽贤,张寿庭.产业组织理论研究综述[J].技术经济与管理研究,2010(6):136-139.
[12] 杨公朴,夏大慰.现代产业经济学[M].上海:上海财经大学出版社,2005.
[13] 李孟刚,蒋志敏.产业经济学理论发展综述[J].中国流通经济,2009,23(4):30-32.
[14] 王嘉旺.京沪高铁开通条件下沿线城市产业结构变迁的研究[D].兰州:兰州交通大学,2018.
[15] 张铁男,罗晓梅.产业链分析及其战略环节的确定研究[J].工业技术经济,2005(6):77-78.
[16] 辛慧玲.我国装备制造业的产业关联性及其对绩效的影响研究[D].合肥:安徽大学,2018.
[17] 郑鑫,陈耀.运输费用、需求分布与产业转移:基于区位论的模型分析[J].中国工业经济,2012(2):57-67.
[18] 赵庆国.高速铁路产业发展政策研究[D].南昌:江西财经大学,2013.

[19] 李亚春.高铁产业的行业关联效应研究[D].昆明:云南大学,2016.

[20] 韩云虹.国民经济核算与分析[M].北京:经济科学出版社,2005.

[21] 林国建.基于需求弹性与规模经济的高铁定价策略分析[J].莆田学院学报,2019,26(3):36-41.

[22] 赵新刚,郭树东.中国铁路运价水平动态调节模型研究[J].北京交通大学学报(社会科学版),2006,5(1):18-22.

[23] 贺俊,吕铁,黄阳华,等.技术赶超的激励结构与能力积累:中国高铁经验及其政策启示[J].管理世界,2018,34(10):191-207.

[24] 周晓津.高铁经济学研究:一个理论综述[C]//中国软科学研究会.第十一届中国软科学学术年会论文集(下).北京:中国软科学杂志社,2015:65-72.

[25] 兰英.从产业关联性看高速铁路对我国铁路装备制造业的拉动作用[J].管理现代化,2009(6):15-17.

[26] 张书明,王晓文,黄乐平,等.高新技术工程的经济效益分析:以高速铁路工程为例[J].科学管理研究,2013,31(1):45-48.

[27] 吴文英.我国高铁产业上市公司投资价值分析[D].武汉:华中科技大学,2011.

[28] 王刚,龚六堂.浅析高速铁路建设投资的产业经济效应[J].宏观经济研究,2013(6):67-71.

[29] 李向国.高速铁路技术[M].北京:中国铁道出版社,2005.

[30] 陈家宏.中国高铁国际工程承包知识产权风险与对策研究[M].北京:社会科学文献出版社,2023.

[31] 兰雅文."一带一路"背景下中国高铁产业"走出去"竞争策略研究[D].济南:山东大学,2018.

[32] 陈寒,廖富阆.我国高铁产业的SWOT分析及发展对策研究[J].科技管理研究,2012(14):136-139.

[33] 张晓建.高速铁路对沿线产业集聚与扩散的效益影响分析[D].成都:西南交通大学,2016.

[34] 艾岚.基于SCP范式的中国广播电视产业研究[D].武汉:武汉大学,2014.

[35] 彭雪.高速铁路沿线城市产业结构变动分析:以京广高铁为例[D].北京:北京交通大学,2017.

[36] 李婷.我国高铁产业的技术创新机制及技术溢出效应研究[D].南京:南京大学,2014.

[37] 田野.高铁对城市群产业格局演变的影响[D].广州:暨南大学,2017.